다나카 쇼조는 일본이 근대화, 공업화를 향해 매진하기 시작하던 메이지 시대에 이미 그 근대화라는 것이 자연을 황폐하게 만들고, 인민의 삶을 뿌리부터 망가뜨리는 반생명적인 폭력의 메커니즘이라는 것을 명확히 꿰뚫어보고, 거기에 사력을 다해 항거한 '의인'이었다.

그 점에서 그는 적어도 동아시아에서 서구 근대 문명의 본질을 아는 누구보다도 먼저, 그리고 깊이 있게 간파한 혜안의 소유자였다고 할 수 있다. 물론, 시대적 격류 속에서 그의 저항은 패배할 수밖에 없는 것이었으나, 그 패배의 기록은 오히려 100년도 더 지난 오늘날, 전 세계가 걷잡을 수 없는 생태적 파국과 사회적 혼돈에 빠진 위기 상황에서, 과연 참된 문명이란 무엇인가를 숙고하지 않으면 안 될 우리들에게 무엇보다도 값진 정신적 유산이 되고 있다.

김종철 《녹색평론》 발행인)

"참된 문명은 산을 황폐하게 하지 않고, 강을 더럽히지 않고,
마을을 부수지 않고, 사람을 죽이지 아니한다."

다나카 쇼조가 한 이 말에 달리 설명이 필요할까요?
이 문장을 처음 보았을 때 나는 충격을 받았습니다.
쇼조가 일기에 이러한 말을 남긴 뒤로 어느덧 100년이 넘는 시간이 지났
습니다. 세계는 나아지기는커녕 돈에 눈 먼 자들이 자연을 파괴하고, 생명
을 해치는 것까지 거침을 휘두릅니다. 윤리를 저버린 자들이 힘을 얻고 있
습니다. 꼭, 한국에서도 다나카 쇼조의 사상이 많은 이들을 깨우칠 수 있기
를 간절한 마음으로 기원합니다.

추아자 시가모토 코헤류— (글씨)지)

참된 문명은

사람을 죽이지 아니하고

일러두기

· 국립국어원 한글맞춤법에 따르자면 소릿값이 다를 때는 대괄호로 표시해야 하지만, 이 책에서는 병기에 얽힌 부호를 모두 생략했다.

· 원어는 처음 나오는 곳에 병기했다. 다만, 독자들이 뜻을 정확히 짐작하기 어려울 만한 곳에서는 반복해서 쓰기도 했다.

· 학교와 단체, 회사 이름과 법률 및 신문 이름 따위는 모두 붙여 썼다.

· 책에서 처음 인용되는 문구만 큰따옴표로 표시했다. 재인용될 때부터는 작은따옴표 안에 넣었다.

· 각주는 옮긴이와 상추쌈이 단 것이다. 원서에 달린 편집자주는 [원주] 표시와 함께 실었다.

· 책 뒤편에 실린 다나카 쇼조 연표는 상추쌈이 정리한 것이다.

· 책에 나오는 인물들의 나이는 모두 우리 나이로 적었다.

· 다나카 쇼조가 남긴 글은 일기나, 편지, 연설문이 많은데, 예사말과 높임말이 뒤섞인 글이 자주 보인다. 이는 다나카 쇼조의 글버릇과도 같아서, 번역 및 편집 과정에서 그대로 두었다.

· 다나카 쇼조의 글에는 "쇼조는" "쇼조가" "쇼조에게"와 같은 표현이 더러 나온다. 이 역시 다나카 쇼조의 독특한 글버릇으로, 글 속에서 자기 자신을 객관적으로 보고자 하는 다나카 쇼조의 뜻과 노력이 담긴 것으로 보인다.

SHIN NO BUNMEI WA HITO O KOROSAZU

by Hiroshi KOMATSU

ⓒ 2011 Hiroshi KOMATSU

All rights reserved.

Original Japanese edition published by SHOGAKUKAN.

Korean translation rights arranged with SHOGAKUKAN

through THE SAKAI AGENCY and IMPRIMA KOREA AGENCY.

나날이 의로움을 향해 나아간 사람,
다나카 쇼조의 삶과 사상 1841~1913

참된 문명은

사람을 죽이지 아니하고

고마쓰 히로시 글 오니시 히데나오 옮김

상추쌈

책을 열며

다나카 쇼조田中正造 1841~1913는 125년 전 우리 땅에서 전무후무한 일대 혁명운동을 일으킨 동학 농민군이 구현하고자 했던 '개벽開闢의 꿈'을 정확하게 꿰뚫어 본 유일한 일본인이다.

동학농민혁명 당시, 일본 중의원 의원이던 다나카 쇼조는 '조선잡기朝鮮雜記'라는 글에서 동학 농민군의 엄격했던 규율을 '문명적'이라 평가했고, 혁명의 지도자 전봉준에 대해서는 "공명정대하게 몸소 개혁의 업을 맡았다."고 높게 평가했다. 후쿠자와 유키치를 포함한 당대의 모든 일본인들이 동학 농민군을 폭도暴徒로 규정하던 시절에 다나카 쇼조는 어찌 그런 남다른 관점을 지닐 수 있었을까?

2009년 11월 1일. 일본 고베에서 열린 '제92회 공공철학교토포럼公共哲学京都フォーラム'에 발제자로 참가하는 자리에서 이 책의 저자 고마쓰 교수를 처음 만났다. 한 사람은 동학농민혁명에 대해서 다른 한 사람은 다나카 쇼조에 대해서 발제를 맡았는데, 동학을 연구하는 한국인 연구자와 다나카 쇼조를

연구하는 일본인 연구자의 '운명적'인 만남이었다.

2012년 7월 7일부터 8일까지 이틀에 걸쳐 나는 이 책의 번역자 오니시 히데나오 선생과 함께 다나카 쇼조의 생탄지生誕地인 고나카 마을과, 만년의 쇼조가 '아시오 구리 광산 광독 사건' 피해자들과 함께 목숨을 걸고 지키고자 했던 야나카 마을 유적을 돌아보았다. 오니시 선생은 다나카 쇼조에 관한 박사 논문을 준비 중이었고, 때마침 내가 교토대학 초빙교수로 일본에 머무는 중이어서 가능한 일이었다.

상추쌈을 책임지고 있는 서혜영 전광진 부부와는 《나무에게 배운다》라는 상추쌈의 두 번째 작품을 통해 만났다. 《나무에게 배운다》를 읽으며 상추쌈이 가고자 하는 길과 동학 농민군이 꿈꾼 '개벽의 꿈'이 하나로 이어지고 있음을 직감할 수 있었다.

이처럼 기이한 인연이 서로 얽히고 얽혀 근대 일본의 유일한 '생명사상가' 다나카 쇼조에 관한 최초의 한국어 책이 이렇게 나오게 되었다. 메이지 일본이 추구했던 근대 문명의 '폭력성'을 일찌감치 꿰뚫어 보았던 일본의 '개벽사상가' 다나카 쇼조. 그의 진면목이 숨김없이 드러나고 있는 이 책이 한국 독자들로부터 아낌없는 사랑을 받기를 간절히 염원드린다.

2019년 11월, 솜리 신용벌에서, 박맹수 모심

차례

들어가며

2011년 3월 11일 오후 2시 46분, 거대한 지진이 동일본을 덮쳤다. 리히터 규모 9.0, 전 세계를 통틀어 관측 사상 네 번째 크기라고 한다.

지진 피해로만 그쳤다면 어떻게든 되었을 것이다. 그러나 지진 직후 덮친 큰 해일이 해안가를 남김없이 쓸어버렸다. 무려 천 년에 한 번 일어날까말까 한 규모라고 했다. 희생자의 9할 가까이가 지진해일로 죽었다.

5월 3일, 미야기 현宮城県의 이시노마키 시宮城県石巻市와 히가시마쓰시마 시東松島市 같은 피해 지역을 돌아보았다. 참상은 상상을 초월하는 것이었다. 재해가 일어난 지 두 달 가까이 지난 뒤였는데도 잔해는 그대로였다. 생선이 썩는 듯한 지독한 냄새가 주위를 감돌았다. 지진과 지진해일 피해뿐이었다면 그나마 되돌릴 전망이 보였을지도 모른다. 하지만 후쿠시마福島 제1 핵발전소 1호기에서 4호기에 걸쳐 방사능이 누출되는 사고가 터지면서, 동일본은 세 겹으로 타격을 입고 말았다.

일찍이 인류가 체험도 가정도 해 본 적 없는 사고가, '예상 밖'의 복합적인 원인으로 인해 핵발전소에서 일어났다. 이 사고는 세상에 큰 충격을 던졌다. 이후 사고를 수습할 전망을 세우지 못한 채로 지금에 이르면서, 동일본을 되살리는 데 큰 걸림돌이 되고 있다.

이시하라 신타로石原慎太郎 도쿄도지사東京都知事는 이 재해를 일러 천벌天罰이라고 표현했다. 그 말을 듣고 보니 1923년 간토대지진関東大地震 뒤에도 "하늘이 내린 벌"이라느니 "하늘의 꾸짖음天譴"이라느니 하는 소리가 이어진 것이 떠올랐다.

하지만 어째서 '천벌'인가, 묻고 싶다. 나는 도호쿠東北 출신인지라 일본의 근대화에 얽힌 한이 마음속 깊이 소용돌이치고 있는 것을 부정할 수 없다. 도호쿠 지방은 보신 전쟁戊辰戦争 1868~1869[01]

---

01 왕정복고를 거쳐 메이지 정부를 세운 신정부군(반막부 세력은 규슈 언저리의 서쪽 번국이 중심이 되었다.)과 구막부 세력이 일본 전역에서 벌인 내전으로, 근대 일본

에서 '역적'이라는 오명을 뒤집어써야 했다. 그뿐만 아니라, 곧 이어진 근대화에도 뒤처지게 되면서 '일본의 앞대문表日本, 오모테니혼'[02] 격인 '태평양 벨트' 공업지대에 '사람·돈·물건·에너지'를 대는 공급지로 전락했다. 그런데 왜 도호쿠 지방이 이런 엄청난 피해를 입어야 하는가. 수도권에 전력을 공급하기 위한 핵발전소가 어째서 후쿠시마 현이나 니가타 현新潟県에 들어선 것인가.

압도적인 경제 격차가 당연한 체제를 만들어 놓고, 사람들이 모두 도시로 나가 인구가 급격히 줄고 있는 지역에, 돈다발로 뺨을 후려치면서 핵발전소를 떠안긴다. 이러한 핵발전 정책은 일본의 근현대가 얼마나 뒤틀린 국토 발전밖에 실현할 수 없었던가를 보여 주는 상징이 아니고 무엇인가. 아, 도호쿠 지방은 불행하다. 마음속 깊이 그렇게 외치고 싶은 생각이 가득하다.

하지만 이런 구조를 받아들이고 안락한 생활을 누려 온 나도

_____

을 열었다고 할 수 있는 전쟁이다. 도호쿠 지방은 오우에쓰 열번 동맹奥羽越列藩同盟을 결성해 구막부와 함께 싸웠고, 끝내 신정부군에게 패배했다. 이로써 도쿠가와막부 체제가 완전히 막을 내렸다.

02　1950년대 후반부터 1970년대 전반까지 이어진 일본의 고도 경제성장기를 지탱한 태평양 연안의 중공업지대를 가리키는 말이다. 한편, 경제 발전에 뒤처지게 된 그 밖의 지역은 '일본의 뒷문裏日本, 우라니혼'이라고 부르며 업신여겼는데, 글쓴이는 그러한 시각이 부당하고 차별적임을 비판하고 있다.

공범인 셈이다. 또 일본인의 한 사람으로서 '가해자'가 되어 버린 측면도 부정할 수 없다. 일본 땅에서 일어난 핵발전소 사고로 전 세계 사람들에게 많은 폐를 끼치고 지구 환경에도 큰 부담을 주고 말았기 때문이다.

그런 씁쓸한 마음으로 안타깝게 돌이킨다. 지금까지 다나카 쇼조를 공부해 온 연구자로서 나는 왜 진즉 다나카 쇼조의 사상을 사람들에게 알리고자 애쓰지 않았던 것일까. 다나카 쇼조의 사상에는 근대 문명 자체에 대한 통렬한 비판과 그것을 극복해 가는 길을 찾는 다양한 실마리가 존재하고 있는데 말이다.

다나카 쇼조는 1912년 6월 17일 이런 말을 남겼다.

참된 문명은 산을 황폐하게 하지 않고, 강을 더럽히지 않고, 마을을 부수지 않고, 사람을 죽이지 아니한다.

돌이켜 보면 일본인이 메이지유신明治維新 이래 좇으며 이룩해 온 근대 문명은 산을 황폐하게 하고, 강을 더럽히고, 마을을 부수고, 사람을 죽여 온 '문명'이었다. 과학기술의 힘으로 인간이 자연을 통제할 수 있다고 여겨 온 '문명'이었다. 자연은 인간이 정복해야 할 대상이나 다름없었다.

좁은 땅덩어리에 거대한 댐이 여럿 들어섰고, 그때마다 마을은 떠밀려 통째로 옮겨 가야 했다. 하지만 거대한 댐은 사람들 목숨과 삶과 생업을 지켜 주지 않았다. 비가 예상보다 많이 내릴 때마다 댐을 지킨다며 엄청난 물을 방류해 사람의 목숨과 삶을 위협했다. 댐이 무너지면 더 큰 피해를 볼 수 있다는 게 구실이었다. 사람의 목숨보다 댐이 중요하다는 것은 앞뒤가 뒤바뀐 말일 것이다.

노자 〈도덕경〉에 "천지는 불인하니天地不仁"라는 말이 있다. 이처럼 자연은 지금껏 인간의 교만에 대해 여러 차례 경고했다. 다만 우리 인간이 '예상 밖'이라는 말로 그 경고를 정면에서 마주 보고 교훈으로 삼기를 피해 왔을 뿐이다.

지금이야말로 우리는 다나카 쇼조가 말하는 '참된 문명'을 실현해야 한다. 동일본 대지진과 후쿠시마 핵발전소 사고를 맞닥뜨린 이때, 새로운 문명의 틀을 짜 나가려면, 다나카 쇼조와 같은 선인들의 사상을 배울 필요가 있지 않을까.

다나카 쇼조라고 하면 많은 이들이 '아시오 광독足尾鑛毒 문제를 풀고자 애쓰며 덴노天皇에게 직소直訴한 사람'이라는 인상으로 기억한다.

그런데 내가 주목하는 것은 다나카 쇼조의 사상이 지금 이곳에서 어떤 의미가 있는가 하는 것이다. 그가 주장한 내용은 돌아간 지 100년 가까이 지난 지금까지도 낡은 느낌이 전혀 없다. 도리어 갈수록 빛을 더할 뿐이다.

이 책을 통해 다나카 쇼조의 사상에서 배울 점을 찾고, 지금이야말로 '참된 문명'을 이룩하는 것이 중요하다는 것을 강조하고자 한다. 그 전에 다나카 쇼조가 살아온 삶이 어떠했는지를 간단하게나마 짚겠다.

1904년 7월 말, 쇼조는 야나카 마을이 수몰되는 것을 막기 위해 홀로 마을로 들어갔다. 그리고 마을 사람들과 함께 토지 매입을 반대하는 운동을 벌이며 야나카 마을의 자치를 지키기 위해 싸웠다.

1. 다나카 쇼조의 삶

다나카 쇼조는 1842년 11월 3일 시모쓰케 국 아소 군 고나카 마을下野国阿蘇郡小中村, 오늘날로 치면 도치기 현 사노 시 고나카초 栃木県佐野市小中町에서 태어났다.

쇼조가 태어난 시절은 내우외환의 시대로 접어드는 때였다. 나라 안으로는 목숨과 생활을 지키려는 농민과 도시민들의 봉기가 꼬리를 물었고, 밖으로는 모리슨호사건과 아편전쟁 따위가 잇따랐다.

쇼조의 집안은 할아버지 때부터 마을 나누시名主[03] 직을 맡아 왔다. 나누시라 해도 살림 규모로 보면 머슴 한둘을 둔 중농 정도에

———

03 농민이나 도시 상공인 신분으로 영주를 대신해 마을을 다스렸다.

불과했다. 지금도 사노 시 고나카초에는 다나카 쇼조 생가가 남아 있는데 마을 우두머리의 집치고는 보기에도 자못 작고 조촐하다.

에도막부 말기라는 사회적 변동기를 살면서 쇼조 또한 예외 없이 히라타 국학平田國學[04]에 관심을 갖거나 존왕양이론尊王攘夷論[05]의 영향을 받기도 했다. 하지만 쇼조가 가장 중요하게 여긴 것은 '마을의 작은 정치'였다. 여러 지인들이 존왕양이론에 기대어 과격한 사건에 나설 때도 쇼조는 굳이 끼지 않고 마을을 지키는 일에 골몰했다.

영주 롯카쿠가六角家에 맞선 항쟁도 바탕은 그 연장이었다. 롯카쿠가는 막부 말기, 개국 조치로 외세에 적극 문을 열면서 물가가 치솟아 어려움을 겪는다. 그러자 지금까지 나누시들에게 맡겨 온 영지 운영을 직접 지배 형태로 바꾸고자 했다. 여태 마을 사람들이 선거를 통해 뽑아 온 나누시를, 영주 가문이 직접 임명하고,

---

04 에도 후기를 살았던 사상가 히라타 아쓰타네平田篤胤가 제창한 학문이다. 그는 신도神道와 국학을 깊이 있게 연구했고, 황국 우월론을 주장했다. 존왕양이 운동에 큰 영향을 미쳤다.

05 존왕양이란 왕실 즉, 텐노를 높이고 오랑캐를 물리친다는 뜻으로 에도시대 말기에 일어난 일본의 외세 배격 운동을 사상 면에서 뒷받침했다.

소작료도 직접 에도江戶로[06] 내도록 하는 조치를 '개혁'이라고 부르며 강요한 것이다. 쇼조는 마을 사람들을 대표해 앞장서서 영주 롯카쿠가에 맞섰다. 결국 쇼조는 잡혀서 옥에 갇히고 만다.

쇼조가 옥에서 나왔을 때는 이미 메이지明治 시대1868~1912였다. 그러나 롯카쿠가로부터 허락이 떨어지지 않아 고향 고나카 마을로 돌아갈 수 없었다. 쇼조는 가까운 마을에서 훈장질을 하며 지내다가 지인의 권유로 에도로 나와 머슴처럼 지내기를 얼마쯤, 이윽고 도호쿠 지방의 에사시 현江刺縣(본청은 현재의 이와테 현 토노 시岩手縣遠野市에 있었다.) 관리로 부임했다. 관리라고 해도 본래 농민이라 모두 열둘인 에사시 현 직위 중 아래에서 두 번째에 불과했다.

쇼조는 곧바로 하나와 지청花輪支庁(현재의 아키타 현 가즈노 시秋田縣鹿角市)으로 발령을 받아, 개간을 허가하고 마을과 마을의 경계 싸움 따위를 중재하는 일을 맡았다. 흉년이 든 땅을 둘러보라는 명을 받고 도호쿠 지방 농민들의 비참한 처지를 목격하기도 했다.

---

06 지금의 일본 수도 도쿄의 옛 이름이다. 1868년에 메이지유신으로 에도가 텐노의 거처가 되면서, 동쪽 수도라는 뜻의 도쿄로 이름을 바꾼다.

관리로서 순조롭게 지내는 듯했지만 쇼조는 곧 큰 함정에 빠지고 만다. 상사 암살 사건의 하수인이라는 누명을 쓰고 체포된 것이다. 억울함을 주장해도 통하지 않아 감옥에 갇혔고 가혹한 고문을 당했다. 그는 3년 가까이 힘들고 어려운 옥중 생활을 해야 했다.

혐의를 벗고 풀려난 것은 1874년 4월이었다. 그리고 세이난 전쟁西南戰爭[07]이 터진 뒤 정치가가 되기로 마음먹었다.[08] 1878년 구의회區議會 의원을 시작으로 1880년에는 현의회縣議會 의원으로 당선되었고, 훗날 현의회 의장에 올랐다. 한편 〈도치기신문栃木新聞〉을 내는 일에도 힘쓰며 도치기 현을 대표하는 자유 민권自由民權 운동가로서 이름을 알리게 되었다. 현의회 의원 시절에는 현

---

07 메이지 시대를 앞뒤로 가르는 큰 사건으로, 일본의 마지막 내전이다. 메이지 정부가 무사 계급의 특권을 폐지하려 하자, 1877년 사이고 다카모리西鄕隆盛를 중심으로 규슈 일대 무사들이 대규모 반란을 일으켰다. 사이고 다카모리는 메이지유신을 이끈 유신삼걸 가운데 한 사람이었으나, 조선을 어떻게 할 것인가를 두고 논쟁을 벌이는 과정에서 패배해 실각한 뒤 고향 가고시마鹿兒島에서 후학을 기르던 이다. 세이난 전쟁에서 무사 계급이 패배하면서, 메이지 정부가 중앙집권을 확립하는 중요한 계기가 되었다.

08 세이난 전쟁이 벌어지기 3년 전인 1874년부터 일본에도 의회가 필요하다는 논의가 시작되었다. 그러한 견해에 호응하는 민중의 열망이 크게 터져 나왔고, 다나카 쇼조도 정치 참여를 고민한다. 세이난 전쟁을 거치면서 인플레이션을 내다보고 사들인

령縣令[09] 미시마 미치추네三島通庸의 폭정과 싸우다가 세 번째로 투옥되었다.

1890년 7월 쇼조는 제1회 중의원衆議院[10] 선거에 도치기 현 제3구를 지역구로 입후보해 당선되었다. 1901년 의원직을 스스로 사퇴할 때까지 여섯 차례나 잇달아 선출된다.

중의원 의원 시절에 쇼조가 맞닥뜨린 가장 큰 문제는 아시오 구리 광산 광독 문제였다.

아시오 구리 광산은 1610년에 발견되어(1550년대라는 설도 있다.) 막부가 직접 관할하며 구리를 캐내기 시작했다. 1676년부터 1687년 사이에 가장 번성했는데, 아시오의 구리는 중국과 무역을 하거나 화폐를 만드는 데 쓰였다. 하지만 이후 채굴 양이 줄

땅값이 크게 오르자, 쇼조는 그 땅을 팔아 번 돈을 정치자금으로 삼아 출마를 결심하기에 이른다.

09 메이지 시대 지방 행정을 책임지던 으뜸 관리.

10 1889년 발포된 대일본제국헌법에 따라 제국의회가 설치되면서, 귀족원과 함께 국회를 구성했다. 귀족원은 황족, 귀족, 칙선과 같은 의원으로 이루어졌으며, 상원 노릇을 했다. 중의원은 하원으로 귀족원보다 예산을 먼저 심의할 수 있는 권한을 부여받았다. 다만 당시에는 입법권이 덴노의 권한에 속해 있어, 국회가 온전한 입법 기구로서 일할 수 없었다. 1947년 일본국헌법이 시행되면서는 입법권을 국회가 가져왔고, 중의원과 참의원 체제로 양원이 재편되었다.

어들면서 막부 말기와 메이지유신 시기를 거치며 점차 쇠퇴했다.

그러다가 아시오 구리 광산이 후루카와 이치베古河市兵衛에게 넘어가 조업을 시작한 것이 1877년이다. 그 무렵에는 구리 생산량이 적어 적자였지만 1881년과 1884년에 아주 질 좋은 광맥이 발견되면서 생산량이 훌쩍 늘었다. 후루카와는 광산 근대화에 노력하면서 중국에 있던 영국 자본 자딘매디슨상회Jardine, Matheson & Company Ltd.[11]와 거액의 계약을 맺고 대대적인 구리 증산에 힘썼다. 이렇게 해서 아시오 광산은 동양 최고라고 자랑할 만큼 규모를 키웠다.

그런데 구리 산출량이 늘면서 자연계에 큰 변화가 일어났다. 1884년 말에는 숲의 나무들이 말라죽고 있다는 기사가 나왔다. 1885년 여름에는 와타라세 강渡良瀬川에서 연어가 떼죽음을 한 일이 보도됐다. 그리고 1890년 8월 대홍수로 논밭이나 농산물이 큰 피해를 입었다. 이렇게 해서 아시오 구리 광산 광독 문제가 세상에 드러나게 되었다.

11　동인도회사 소속 무역선 선장이던 자딘과 매디슨이 1832년 광둥 성 광저우廣東省廣州市에 세운 무역회사로 중국 이름은 이화양행怡和洋行, 사전양행渣甸洋行이다. 1859년에는 일본 요코하마橫浜에도 지점을 냈고, 1883년에는 우리나라 제물포항에도 교역소를 설치하며 이화양행이 들어왔다.

다나카 쇼조는 제2 의회[12]에서 이 광독 문제를 처음으로 거론하며 정부에 질의했다. 정부는 아직 원인이 제대로 밝혀지지 않았다면서도 예방을 위해 분광채집기粉鑛採集器를 설치하겠다는 모순된 답변을 내놓았다. 그리고 이 설비를 들인다는 핑계로, 피해 농민들과 하나둘 화해계약을 맺기 시작했다. 청일전쟁을 벌이면서는 광독 피해가 아시오 광산 탓으로 밝혀지더라도 피해를 입은 주민들이 앞으로 절대 민원을 제기하지 않겠다는 식의 영구 화해계약을 강요했다.

청일전쟁이 터지자 쇼조는 아시오 광산 광독 문제로 정부에 책임을 추궁하는 일을 삼갔다. 하지만 1896년 가을 와타라세 강에 또다시 큰물이 지면서 곧바로 엄청난 피해가 났다. 피해 지역은 도치기, 군마群馬, 사이타마埼玉, 이바라키埼玉 네 개 현, 1억 평(3만 3천 헥타르)에 이르렀다.

피해 주민들은 지금의 군마 현 다테바야시 시 사가와다群馬県館林市早川田에 있는 운류지雲竜寺에 광독 사무소를 설치하고 반대 운동의 거점으로 삼았다. 그리고 아시오 광산 광업 정지를 요구하

---

12 1891년 11월 26일에 열려 같은 해 12월 25일에 해산되었다.

며, 주민 수천 명이 여러 차례 도쿄까지 나가 청원 운동을 벌였다.

1900년 2월, 2천여 명의 주민들이 4차 도쿄 청원[13]에 나섰다. 경찰과 헌병대는 도네 강利根川 가 가와마타川俣에서 주민들을 기다리고 있다가, 피해 주민들을 때리고 짓밟아 도쿄로 가는 걸음을 막았다. 그뿐 아니라 피해 주민들을 흉도취중죄凶徒聚衆罪[14]로 검거해 광독 반대 운동을 좌절시켰다.

이 무렵 쇼조는 국회의원으로서 오로지 광독 문제에만 몰두했다. 운류지 사무소에 모인 농민들이 스스로 피해 상황을 조사한 결과를 바탕으로 그는 중의원에서 여러 차례 '질문연설'을 했다. 쇼조만큼 질의권을 활용한 의원은 따로 없다.

그런데 쇼조는 가와마타에서 피해 주민들이 탄압을 당했다는 소식을 듣고 일본이라는 나라가 마침내 망국이 되었구나 하고 깊이 탄식했다. 그는 국회의원을 그만둔 뒤[15] 1901년 12월 10일 메

---

13 피해 농민들은 이를 토박이말로 '오시다시押出し'라고 불렀다. 씨름판에서 상대를 씨름판 밖으로 내보내는 것을 이르는 말로, '밀어내기'라는 뜻이다.

14 옛 형법에서 많은 사람이 모여 집단으로 일으킨 폭동을 일컫던 죄명이다. 다양한 사회운동이 격화되자, 이를 진압하기 위해 메이지 정부가 1882년 제정했다.

15 쇼조가 가까운 이들과 주고받은 서한을 살펴보면, 직소를 하기까지 1년에서 2년 정도를 준비한 것으로 보인다. 직소문을 마련하는 한편으로, 죽음을 각오한 만큼 여러 가지로 신변을 정리한 흔적이 남아 있다. 아내가 자신의 직소로 인해 어려움을 겪지 않

이지 덴노에게 직접 상소[16]를 했다.

러시아와 긴장이 높아지는 가운데, 정부는 직소로 달아오른 여론을 달래야 했다. 그래서 제2차 광독 위원회를 설치하고, 와타라세 강 하류에 있는 야나카 마을谷中村[17]을 중심으로 홍수를 막기 위해 900만 평이 넘는 거대한 유수지를 만들겠다는 해결책을 내놓았다. 이렇게 해서 광독 문제는 치수 문제로 바뀌어 갔다. 그 사이 쇼조는 네 번째 감옥살이를 해야 했다.[18]

러일전쟁이 이어지던 1904년 7월 말, 쇼조는 야나카 마을이 수몰되는 것을 막기 위해 홀로 마을로 들어갔다. 그리고 마을 사람들과 함께 토지 매입을 반대하는 운동을 벌이며 야나카 마을의

도록, 이혼 서류를 마련해서 보내기도 했다. 유서도 미리 써 보냈다. 이러한 사실로 미루어 볼 때, 6선 의원이었던 쇼조가 국회의원 자리에서 스스로 물러난 것은 지역구민들에게 폐를 끼치지 않기 위한 신변 정리의 일환으로 짐작할 수 있겠다.

16 쇼조는 제16 의회 개원식에 왔다가 돌아가는 메이지 덴노를 기다리고 있다가, 마차가 가까이 오자 "부탁이 있습니다."라고 외치며 상소문을 들고 달려 나갔다. 그러나 덴노에게 상소문을 건네기도 전에, 경비 경찰에게 붙잡혀 직소에 실패했다. 정부는 미치광이의 소행으로 발표하며 사건을 조용히 덮고자 했지만, 쇼조의 직소 사건은 호외가 발행될 정도로 일본 사회에서 커다란 반향을 불러 일으켰다. 당시 덴노를 직접 만나 정치적 의견을 개진할 수 있는 자는 총리대신 정도였다.

17 이 무렵 야나카 마을에는 주민 2,700여 명이 살고 있었다.

18 1902년 가와마타 사건 공판 때 하품을 한 죄로 징역 40일을 선고받았다. 이때 감옥에서 〈성서〉를 읽고 큰 감명을 받는다.

자치를 지키기 위해 싸웠다.

빗살이 빠지듯 집과 땅을 팔고 떠나는 이들을 보내면서도, 쇼조는 남은 19가구 주민들과 함께 마을에서 힘을 다해 계속 싸웠다. 그러나 정부와 도치기 현은 야나카 마을을 강제로 후지오카 초藤岡町에 포함시키고, 남은 주민들의 집을 마구잡이로 헐어 버리는 따위로 유수지 건설 계획을 강경하게 밀어붙였다. 이 과정에서 다시 와타라세 강의 흐름을 바꾸는 개수 계획이 튀어나왔다. 하지만 쇼조는 그 계획의 허점을 증명하기 위해 노구를 이끌고 와타라세 강 유역의 크고 작은 하천을 두루 돌며 홍수 때 물이 차오르는 높이와 수량을 세심하게 조사했다.

그 자료를 바탕으로 쇼조는 야나카 마을을 죽이고 유수지를 만드는 것이 백해무익함을 증명했다. 그리고 인간과 자연이 어떻게 해야 조화롭게 살 수 있는지를 찾아 나갔다. 아시오 광산 광독 문제와 야나카 마을 수몰 문제에 매달려 힘든 싸움을 거듭하는 가운데 쇼조는 인류 사회를 관통하는 보편 진리를 몸으로 깨닫게 되었다.

그러한 쇼조가 세상을 떠난 것은 1913년 9월 4일이다. 사인은 위암이었다.

나는 늙었다고 해서 조용히 숨어 지낼 생각은 없습니다. 쓰

러져 그칠 때까지, 그도 아니면 늙어서 죽을 때까지 진보주

의일 것입니다.

2. 삶에서 배운다

온몸으로 공공에 이바지하는 삶

앞서도 말한 것처럼 다나카 쇼조가 정치가가 되겠다고 결심한 것은 1877년 세이난 전쟁 이후의 일이었다.

《다나카 쇼조 옛이야기田中正造昔話》를 보면 이때 쇼조는 이렇게 다짐했다.

- 지금부터는 돈벌이를 위해 새로운 일을 벌이는 데 마음 쓰지 말 것
- 공공公共을 위하여 해마다 120엔円(한 달에 10엔)씩 앞으로 35년 동안 내놓을 것(그러나 중의원 선거에 나선 1890

년 이후부터는 생각처럼 되지 않았다.)[19]

• 수양아들과 수양딸 둘은 충분히 가르쳐서 독립시킬 것

쇼조는 세이난 전쟁으로 물가가 많이 오를 것으로 보고 땅을 사들여 3천 엔 남짓을 벌었다. 그 돈을 종잣돈으로 '공공에 이바지하는' 삶을 살면서 이제부터는 결코 자신을 위해 '돈벌이'에 나서는 일은 하지 않겠다고 다짐한 것이다.

이 땅 투기를 마뜩찮게 보는 견해도 있는데, 쇼조는 사실 막부 말기에 쪽 물감을 파는 장사치로 꽤 솜씨가 좋았던 사람이다. 또한, 해마다 120엔을 35년 동안 쓴다면 총액이 4,200엔이 되어야 해서, 혹 25년을 잘못 쓴 것이 아닐까 싶기도 하다. 하지만 여기서 중요한 것은 쇼조가 정치인으로서 공공에 온몸을 바치고자 사리사욕을 좇지 않고 집안과도 연을 끊을 각오로 나섰다는 사실이다.

다나카 쇼조의 머릿속에는 정치가로서 돈을 벌어 보겠다거나 대를 물리자는 생각은 전혀 없었다.

---

19   소비자물가지수를 고려해 당시 10엔을 오늘날 가치로 환산하면 7,500배인 7만 5천 엔에 이른다. 오늘날 우리 돈 가치로는 75만 원 정도이다.

쇼조는 평생 그 다짐에 충실하게 살았다. 현의회 의원 시절의 단골 숙소도 여인숙 같은 곳이 많았다. 국회의원이 된 뒤로도 겉모습을 꾸미지 않았다. 그는 버는 돈 대부분을 아시오 광독 반대 운동에 써 버려 항상 돈에 쪼들렸다. 후원인에게 손을 벌리거나 심지어는 식모한테서도 빚을 지며 살았다.

말년에 아내 가쓰カッ가 병원 신세를 졌을 때도, 쇼조는 병실을 들여다보지 않았다. 어지간히 박하구나 생각할지도 모른다. 그런데 쇼조는 "사사로움을 위해 세월을 버리지 않고 사사로움을 위해 걱정하지 않겠다. …… 오로지 결코, 내 일을 이유로 모두의 일을 도중에 그만두지 않는다."라고 유난히 진지하게 말하고 있다. 아내를 위로하는 것조차 사사로움을 위해 시간을 쓰는 것이며 '공공을 위해'라는 자신의 원칙을 거스르는 일이라고 여긴 것이다.

지금은 쓰지 않는 옛말 중에 "우물 담 정치가"라는 말이 있다. 정치인이 되어 가산을 다 탕진하고, 마지막에는 우물과 담밖에 안 남은 사람을 일컫는 말이다. 쇼조는 모든 재산을 공공을 위해 내놓았다. 죽기 직전에는 그의 노후를 염려해 후원인이 남겨 둔 얼마 안 되는 재산, 집과 땅을 모두 마을小中農教倶楽部, 고나카 노교구라

부에 기부했다. 우물도 담도 남기지 않는 삶, 그것이 쇼조가 살아온 방식이었다.

운동에 필요한 돈을 모으기 위해 옛 친구들의 집을 차례로 찾던 중에(쇼조는 이를 '탁발托鉢'이라고 했다.) 1913년 8월 2일 도치기 현 아즈마 마을 시모하네다栃木県吾妻村下羽田(현재의 사노 시 시모하네다佐野市下羽田)에 있는 니와타 세이시로庭田清四郎 집 툇마루에서 쓰러졌다. 그러다가 9월 4일에 숨을 거둘 때까지 쇼조는 병상에서 일어나지 못했다. 쇼조가 마지막까지 메고 다니던 바랑에는 〈신약성서〉, '일본제국헌법'과 '마태복음'을 한데 묶은 책, 일기장 세 권, 〈와타라세 강 조사 보고서〉 초고, 휴지 몇 장과 강 김, 그리고 돌멩이 세 개가 들어 있었다.

'온몸으로 공공에 이바지하는 삶', 이것은 정치가로서뿐만 아니라 쇼조의 생애 전체를 관통하는 행동 원리였다.

인을 실천하는 길

다나카 쇼조 사상의 뿌리를 이루는 것은 유교 사상이다.

당시 일본에서는 유교 사상이 높이 평가되지는 않았지만, 쇼조는 유교적 덕목을 중시했다. 그 중에서도 대표적인 것이 '인仁'이다.

인은 유교 사상의 핵심을 이룬다. 〈논어〉를 예로 들면 공자의 제자 번지樊遲가 인에 대해 물었을 때 공자는 "사람을 사랑하는 것이다.愛人" "평소 몸가짐은 공손히 하고 일할 때는 경건하며 다른 사람을 사귈 때는 충후하게 하라.居處恭, 執事敬, 與人忠"고 답하고 있다.

쇼조는 여덟 살 때부터 아카오 고시로赤尾小四郎의 글방에서 "〈사서오경四書五經〉 〈당시선唐詩選〉 〈고문古文〉 따위"를 배웠다. "대낮에 스승 밑에서 〈사서오경〉 같은 책을 횡설수설하면서 세월을 보냈다."고 한다. 쇼조는 또, 기억력이 좋지 않아서 소릿값을 따로 써 두지 않은 한문은 술술 읽을 수가 없는, 형편없는 학생이었다고 돌이킨다. 이러한 언급은 아마도 쇼조가 자신의 재주를 애써 감추느라 그런 것이 아닐까 싶다. 그리고 막부 말기에 영주 롯카쿠가에 맞서 항쟁에 나섰다가 투옥되었을 때 "옥에 갇힌 동안에는 통속 〈군기軍記〉를 읽었다. 그때부터 방자함에서 벗어나고, 또 자기 자신을 죽여 '인'을 행해야 하는 것을 알게 되었다."며 벌써 '인'을 실천하겠다고 마음먹고 있다.

그 뒤 에사시 현 하나와 지청 하급 관리로 일하던 시절에는 〈맹자〉를 공들여 읽었다. 특히 쇼조는 인, 즉 어짊과 의로움을 해치는 자는 '군주王'가 아니다, '한낱 사내一夫'일 뿐이다, 그 한낱 사내를 베어 죽이는 것은 군주를 시해하는 것이 아니다라고 하는 유명한 방벌放伐 사상이나, 왕이나 영토보다 인민이 더 귀중하다고 하는 '민본사상'에 커다란 감명을 받은 듯하다.

이처럼 공자나 맹자의 가르침을 중심으로 한 유교 사상이 쇼조 사상의 바탕에 탄탄하게 뿌리를 내리고 있었다. 쇼조의 삶이 바로 인, 곧 어짊과 의로움을 실천하는 과정이었던 것은 여기에서 비롯된 것이겠다.

쇼조는 1900년 2월에 '동양청년인회東洋青年仁會'라는 단체를 세우고자 지역 유지들을 설득했다. 그가 마련한 회칙의 총칙은 다음과 같은 것이었다.

동양인회는 사람이 이 세상에 태어난 까닭을 배우기 위해 하늘을 공경하여 스승으로 삼고, 덕을 우러러 보배로 삼으며, 가정을 어질고 착하게 꾸려 나가고, 염치를 지키며, 참되고 성실한 마음과 뜻을 다하여 자기를 밀고 나가 일에 힘쓰고, 신의를 우러르며 중히 여겨, 참된 자연의 행복을 온당하게 이룰 수 있도록 세상의 떳떳하고 당연한 이치와 보편 상식을 법칙으로 삼되 그 밖에 별도의 세칙은 따로 없다.

동양청년인회는 구체적 활동이 거의 없었던 듯하다. 하지만 "인류 사회를 더 나은 모습으로 바꾸기" 위해 다시 한 번 인간 정신이라는 지경을 그 바탕에서부터 개혁해야 할 필요성을 쇼조가 깊이 깨닫고 있었다는 것을 살펴볼 수 있다.

그 무렵 편지에 다음과 같은 글이 나온다.

우리 일본 국민이란 '인仁'을, '의義'를, '신神'을 공경한다. 천지간에 부끄럽지 않은 데로 사람을 이끌어 되도록 많은 국민을 돕고자 힘쓰고, 자신을 비롯해 자손도 함께 살아남을 수 있도록 무엇이든 다해야 한다.

만약 이 길이 바람직한 줄 잘 알면서도 관심을 두지 않고 제 한 몸만 감싸고 돈다면, 후손이 길이 이어지며 나라도 평안하고 건강한 길은 이룰 수 없다. 그저 오늘의 제 한 몸만 편안한 채 육체의 쾌락을 누릴 뿐, 많은 이들과 함께, 동포와 함께 기쁨과 걱정喜憂[20]을 나누는 정신의 쾌락은 얻을 수 없다. 정신의 쾌락을 가벼이 여기는 자는 인의仁義를 아는 사람이 아니다.

그러므로 인은 어렵다. 어려우나 그 맛이 깊고, 후손을 길이 잇는 데 보탬이 된다. 인의의 정신은 후손에게 이어져 아름다운 열매를 맺는다. 몸과 옷가지, 집을 통해 누리는 쾌락뿐이라면 한 생애 안에 그칠 것이다. 자손에게 덕을 물리는 집안은 오래가겠고, 후손에게 악을 물리는 집안은 명이 짧다.

종교를 비방하는 것은 인이 아니다.

· 1900년 11월 3일

'많은 이들과 함께, 동포와 함께 기쁨과 걱정을 나누는 정신'이 중요하다고 쇼조는 말한다. 자신보다 남을 먼저 생각하고 행동하는 것, 그리고 다른 사람의 기쁨과 걱정을 함께 나누는 것이 인을

---

20 원문에는 杞憂라고 되어 있지만 다나카 쇼조가 잘못 쓴 것일 가능성이 크다.

실천하는 일이다. 맛있는 것을 먹고, 아름다운 것을 입고, 쾌적한 집에서 사는 쾌락만을 좇는다면 그러한 쾌락은 자신만 기꺼울 뿐 곧 그쳐 버리는 덧없는 것이다. '영원히 이어지는 것'을 바란다면 인이라는 사상을 손주에 이르기까지 물려야 한다는 것이다. 쾌락을 추구할 것이 아니라 인을 실천하며 후손들에게 덕을 전해야 한다고 말한다.

맹자의 '측은지심惻隱之心'도 바로 인을 실천하는 일이나 다를 바 없다. 측은지심이란 이를테면, 눈앞에서 아이가 우물에 빠지려고 할 때 어서 '도와주어야겠다.'라는 마음이 자연스럽게 우러나오는 것이다. 도움을 주면 칭찬을 듣거나 표창을 받을지도 모른다 하는 생각 따위 없이 움직이는 것이다. 쇼조는 오로지 눈앞에 고통받는 사람이 있으면 돕고자 애쓰며 살아왔다.

돌이켜 보면 3·11 대지진과 큰 해일 속에서 많은 이들이 자신의 위험은 돌아보지 않고 눈앞에 있는 사람을 구하기 위해 움직였다. 끝까지 동사무소에 남아 무선으로 재난 방송을 하며 주민들의 피난을 도운 미나미산리쿠초南三陸町의 공무원 엔도 미키遠藤未希 씨와, 수산물 가공 회사에서 일하던 중국인 여성 20명을 무사히 대피시킨 오나가와초女川町의 사토 미쓰루佐藤充 씨도 그러한 이들 중 한 사람이다. 끝내는 희생된 이들이 많아 너무나 마음 아프지만, 이들은 그야말로 인을, 측은지심을 실천한 것이다. 그러한 사실이 우리 모두를 위로하고, 북돋우고 있다.

가장 약한 것으로 가장 강한 것과 맞선다

"나는 시모쓰케[21]의 백성이다."

다나카 쇼조 반생을 다룬 자서전, 《다나카 쇼조 옛이야기》는 이 말로 시작한다. 쇼조는 국회의원이 되어서도, 또 직에서 물러나고서도 평생 스스로를 '시모쓰케의 백성'이라고 여겼다. "고나카의 농사꾼"이나 "고나카의 흙투성이", 또는 "고나카의 똥지게꾼"이라고 이르기도 했다.

똥지게꾼이란 논밭에 내는 똥거름을 지고 팔러 다니는 사람을 일컫는다. 인간이 배설한 똥오줌을 나르는 직업은 우리 생활에 꼭 필요한 것이지만 때때로 더럽다고 꺼리거나 멸시당해 왔다.

---

21 도치기 현의 옛 이름.

쇼조는 그러한 직업에 자신을 빗댔다. 사회의 밑바닥에서 근대 문명을 찌르려는 마음을 읽을 수 있다.

그 무렵에는 환갑을 지나면 자리에서 물러나 한가로이 지내는 것이 관례여서, 야나카 마을에서 유수지 건설을 막고자 애쓰던 쇼조에게도 은거를 권하는 지인들이 있었다. 몹시 분주히 지내는 쇼조를 보다 못해, 슬슬 물러나 쉬어도 좋지 않을까 하고 생각한 것이다.

그러자 쇼조는 다음과 같이 답했다.

나는 늙었다고 해서 조용히 숨어 지낼 생각은 없습니다. 쓰러져 그칠 때까지, 그도 아니면 늙어서 죽을 때까지 진보 주의일 것입니다.

· 1906년 8월 21일

여기에 쇼조의 자세가 숨김없이 드러나 있다.

일본에서는 늙으면 사람이 둥글어지는 것이 온당하다고 여긴다. "늙으면 자식을 따르라."는 속담도 있다. 그런데 쇼조는 나이를 먹을수록 더 급진적인 사람이 되어 갔다. 쉽게 타협하지 않고 원리 원칙에 더 충실하게 살려고 애쓴 것이다. 자신이 정의라고 믿는 바를 확실히 지키고, 세상에 퍼진 부정과 가차 없는 싸움을 계속하며 살았다. 오늘보다는 내일, 내일보다는 모레라며 스스로의 변화를 다그치는 자세. 쇼조는 그것을 '늙어서 죽을 때까지 진보주의'라고 칭한 것이다.

하지만 야나카 마을 유수지화 반대 운동은 무척 어려웠다. 아시오 광독 사건 이후 쇼조는 일관되게 아시오 광산의 광업 정지를 주장했다. 그러나 야나카 마을 피해 주민들은 대부분 홍수와 광독이 뭐가 다른지도 알지 못했다. 권리가 무엇인지도 모르는 '무지'하고 '어리석은 이들'에게 이를 깨우치고, 들려주려 하다가 쇼조의 '야나카학谷中學'이 시작되었다.

그런데 뒤에 쓰겠지만, 야나카학은 나중에 방향을 틀었다. 야나카 마을을 떠나지 않고 지키면서 토지 매입에 맞서는 주민殘留民들이 그 나름으로 깨달은 바가 있어 스스로 졸가리 세운 논리로 저항하고 있다는 것을 쇼조가 알아차렸기 때문이다. 쇼조는 이 주민들을 자기 '과업'의 동지로 자리매김하기에 이르렀다.

다나카 쇼조의 과업이란 당장은 야나카 마을 땅을 사들여 유수지를 만들려는 정부의 계획을 막는 것이었다. 하지만 쇼조는 더 앞날을 내다보고 있었다. 이 세상에는 '악한'이 많이 존재한다. 그러한 악한에 맞서 자신의 이상을 좇기는 매우 어렵다. 그러나 자신들 과업의 첫걸음은, 사회적 약자들을 모아 강자, 즉 악한과 맞서는 일이라는 것이다.

> 가만히 생각해 보건대, 여러 해에 걸친 나의 즐거움이 무엇인가 하면, 인생은 크게 두 갈래 길로 나뉘는데, 우리 사회에서 가장 세력이 약한 이들을 모두 어울러서 강자의 사나움과 거만을 물리치기를 낙樂 삼아 왔다. 그것이 내 행동의 중심에 있다.
>
> 가장 약한 것으로 가장 강한 것과 맞선다.
>
> · 1910년 8월 3일

'가장 약한 것으로 가장 강한 것과 맞선다.'라는 것이 '즐거움'이라고 한다. 그것뿐만 아니라 '악한'을 회개시켜 그도 아울러 구하는 것 또한 다나카 쇼조의 과업이기도 했다. 그렇게 하면 다스리는 자도 다스림을 받는 자도 없어진다. "회개 끝에 정치는 사라진다."라는 것이 그런 상태를 가리키고 있다.

쇼조는 '우리 동지들의 업'을 다음과 같이 정리하고 있다.

우리 동지들은 이런 간악한 자도 말로써 꺾어 스스로 그
죄를 뉘우칠 수 있도록 힘써야 한다. 우리가 먼저 뉘우친다.
뒤따르는 이들에게 이것을 가르쳐 주는 것이 정의正義이다.
이것을 자애慈愛, 인애仁愛라고 하고 우리는 이것을 신애信愛
라고도 하는데, 간추리면 사랑이다.

· 1909년 8월 27일

사랑을 근본정신으로 '가장 약한 것으로 가장 강한 것과 맞서
는 싸움을 비폭력주의로 해 나간 것은 인도 독립운동을 이끈 위
인 마하트마 간디Mahatma Gandhi 1869~1948도 마찬가지였다. 다나
카 쇼조와 간디의 사상에는 겹치는 부분이 아주 많다.

정직한 이에게 신이 깃든다

3 · 11 대지진과 지진해일 이후 피난처로 대피한 이재민에 대

한 찬사가 온 세계에서 들려왔다. 혼란 없이 침착하게 대처했고, 약탈도 일어나지 않았다. 모두들 어려움을 묵묵히 참고 견뎠고, 자기 고집을 내세우는 일도 없었다. 자신보다 더 어려운 처지에 있는 이들을 먼저 배려해, 서로 양보하고 질서를 지키며 움직였다. 이런 모습에 세계 곳곳에서 놀라는 소리가 터져 나왔다. 세계는 이재민의 행동에서 시민 정신을 꿰뚫어 보았다.

도호쿠 사람들의 참을성과 인내력을 칭찬하는 소리를 들으면 나는 2차 대전 전에도 일본에서 똑같은 말이 나왔던 것이 떠올라 마음이 복잡하다. 그때도, 도호쿠 출신 병사들은 인내심이 강하고 어떠한 괴로운 전투에서도 참을성 있게 행동한다고 격찬을 받았다.

그런데 이런 행동 윤리는 오히려 일본 민중의 전통에서 비롯한 것이 아닐까. 몇몇 예외가 있겠지만, 일본 민중은 아무리 생활이 어려워도 약탈로 치닫지는 않았다. 에도시대의 농민 봉기나 도시 주민들의 폭동도 대부분 '옳지 않'은 방식으로 재물을 쌓은 이들을 겨눈 것이었다. 또한 그 사람의 재산은 엉망으로 만들지언정, 그것을 소드락질하는 일은 결코 없었다. 18세기 후반 유럽의 식량 폭동food riot에 나타난 이러한 행동 윤리를 '도덕 경제

moral economy[22]라고 하는데, 그것을 일본 민중 운동에서도 찾아볼 수 있다.

이러한 민중의 심성은 1918년 '쌀소동米騷動[23]'에서도 드러난다. 쌀소동은 쌀값이 치솟을 때 값을 다시 내리라고 요구한 뒤, 그 요구가 묵살당하면 폭동을 일으키는 것이 보통이었다. 쌀을 주식으로 먹고사는 민중들 사이에는 맞춤한 쌀값이라는 것이 있었다. 그래서 적정가로 판매하지 않는 업자에게는 폭력을 쓸 수도 있다는 것을 넌지시 알려 가격을 낮추도록 협의하고, 절충이 잘 안될 때 폭동이라는 실력 행동에 나선 것이다.

이들은 쌀 가마를 들어내 길바닥에 뿌리기도 했지만, 쌀을 훔쳐가는 사람은 거의 없었다. 다시 말해, 민중은 자신들이 '옳지 않'다고 판단한 행위를 벌하고자 했고, 자신들이 정의라고 여기는 것을 실천하는 것이 가장 큰 목적이었다. 본래는 당시 권력이

---

22 에드워드 톰슨Edward Thompson이 제시한 개념이다. '수요와 공급' 원칙에 따라 매겨진 식료품 가격이 민중의 생존권을 위협할 때, 유럽 민중은 폭력적인 방식으로 식료품의 가격을 내렸다. 하지만 식량 폭동에 나선 민중은 마땅한 가격을 설정하고자 했을 뿐, 식료품을 약탈하지는 않았다.

23 1918년 도야마 현富山縣의 여성들이 쌀값 폭등에 맞서 집단 항의 행동에 나섰다. 이러한 움직임이 전국으로 퍼져 나가자, 정부는 군대를 동원해 철저하게 탄압했다.

해야 하는 일이지만 권력이 그 일을 게을리할 때 그 권력을 대신해서 집행하는 것이 민중의 정의였다.

나는 어쩌면 오늘날 민중들 속에도 그런 심성이 이어지고 있다고 본다. 무엇보다 정직해야 한다는 것은 시대를 막론하고 보편 도덕으로 이어져 내려온 것이 아닐까. 사람이란 어떻게 살아야 하는가라는 철학적 논의와 무관한 사람들도 정직함을 자신의 윤리 강령으로 삼아 행동해 온 것이다.

다나카 쇼조도 정직이라는 덕목에 가장 큰 가치를 두었다. "사람은 정직하되 철저히 정직하지 않고서는 쓸모가 없다. 어물어물 정직해서는 소용이 없다."라면서 철저히 정직해야 한다고 말한다. "그러면 정직이 시시한 것이냐 하면 결코 그렇지 않다. 왜냐하면 도둑의 수명, 도둑의 시대는 짧다. 정직의 수명은 수천 년이나 아득히 이어지고 그 시대도 영원히 전해지는 것입니다." 이렇게도 말하고 있다. 정직함은 마치 산이나 강만큼이나 영원한 생명을 지닌다는 것이다.

"정직한 이에게 신이 깃든다. 철저히 정직한 이에게는 철두철미한 신이 깃들고 어물어물 정직한 이에게는 신도 어물어물 깃듭니다". 이처럼 쇼조는 에도시대 이후의 통속 도덕 속에 서 있으면서도, 정직이라는 것은 시대를 막론하고 보편적인 가치가 있음을 꿰뚫어 보고 있었다.

'정직한 이에게 신이 깃든다.' 옛날이라면 달력에 표어로 실리는 격언인데 자신에게도 남에게도 정직하다는 것, 성실하다는 것은 우리 인간관계의 기본이기도 하다.

남이 보는 앞에서 태연히 소드락질할 것인가, 남이 보지 않으니 몰래 빼앗고 훔칠 것인가, 아니면 아무도 보지 않더라도 빼앗지도 훔치지도 않을 것인가.

일본 민중은 이 세 선택지 가운데 마지막을 최선으로 삼아 왔다. 아무도 보지 않는 일은 있을 수 없다. '하늘님'이 보고 있다고 여겨, 하늘에 부끄럽지 않게 행동하려고 노력한 것이다. 그것이 정직함이다. 그것이 당연한 일인 것이다.

온 세계에서 큰 칭송을 받으며 가장 당황스러울 이들은 아마도 피난처의 이재민들이 아닐까.

물질이 모자랄까 애태우지 않는다

나치 독일의 박해를 피해 미국으로 망명한 에리히 프롬Erich Fromm, 1900~1980이라는 사회심리학자가 1976년에 쓴 책으로 《To have or to be》라는 것이 있다. 직역하면 '소유냐 존재냐'라는 뜻이다. 이것이 왜 《산다는 것生きるということ》이라는 일본어 제목으로 번역되었는지는 아직도 석연치 않지만, 프롬이 이 책에서 주장하는 바는 '소유하는' 삶에서 '존재하는' 삶으로 방향을 틀어야 한다는 것이다.

프롬은 현대 문명을 상징하는 것으로 자동차 산업을 꼽는다. 자동차는 차례차례 모양을 바꿔 가며 소비자의 구매 의욕을 부추긴다. 그런 탓에 사람들은 남과 다른 것, 남보다 더 좋은 것을 갖고 싶다는 욕구로 끊임없이 미쳐 간다. 지금도 자동차 광고는 너무 많다.

광고는 쉴 새 없이 욕망을 불러일으키고, 사람들은 남보다 더 좋은 것을, 더 많이 얻고자 한다. 프롬은 이것이 현대 자본주의라고 짚었다. 그리고 '소유하는' 삶에서 인간의 존재 자체를 소중히 여기며 '존재하는' 삶으로 바꿔야 한다고 일찌감치 호소했다.

다나카 쇼조도 청일전쟁 이전에는 소유권을 중심 논리로 광독 문제를 추궁했다. 법 사상사에서 보자면 소유권은 근대적 인권의 핵심을 이루는 것이다. 이 시기에 쇼조는 '소유하는' 삶을 당연한 것으로 여겼다. 하지만 청일전쟁 이후 광독 문제에 전념하면서, 쇼조는 광독이 생명을 위기에 빠트리고 있음을 깨달았다. 피해 주민들이 벌인 조사 덕분에 피해 상황을 똑똑히 보게 되었기 때문이다. 피해 지역 사망률이 다른 곳에 비해 지극히 높고, 그것도 사산이거나 만 두 돌이 안 된 어린 아기들이 많이 죽고 있다는 것을 알아차린 것이다. 쇼조는 그들을 "비명非命의 사자死者"라고 불렀다.

'비명'이란 유교에 나온 말로 '천명이 아니'라는 뜻이다. 천명 즉, 천수天壽를 누리지 못하고 병이나 사고, 재해 따위로 숨지는 것을 이른다. 그렇게 보자면 이번 3·11 대지진으로 희생된 이들도 '비명의 사자'나 다름없다.

쇼조는 이렇게 '생명'의 문제와 맞닥뜨렸다. 그리고 생존을 위해 '존재하는' 것 그 자체에서 가치를 찾아낸다. 무엇보다 〈신약성서〉를 읽고 예수 그리스도의 가르침은 '버리는' 것과 '용서를 구하는' 것에 있다는 점을 깨닫고는, '소유하는' 삶을 벗어나 무소유의 삶을 좇게 되었다. 끝내 쇼조는 자신이 지닌 모든 재산을 죽기 전에 공공을 위해 내어놓았다.

돈이나 물건이 없어도 조금도 걱정하지 않는다, 돈은 사람의 도리를 실천하는 데 되레 걸림돌이 된다, 나는 그런 걱정을 버리고 그저 하늘의 은혜를 입고 살아가며 하늘이 명하는 바를 실천할 뿐이다, 그런 심경을 적은 것이 아래 글이다.

사회나 사람이 마땅히 지켜야 할 도리의 참뜻은, 물질에 조금도 얽매이지 않는다. 돈과 도리가 나란히 갈 수 없는 까닭이다. 참으로 하늘님은 잘 가르쳐 주시고 또 나에게 물질로 주지 않으신다. 이에 안심입명安心立命의 길이 저절로 갖추어진다. 그리하여 나는 물질이 모자람을 애태우거나 마다하지 않는다. 하늘이 주시는 바를 받고 하늘의 명에 따라 일하고자 할 뿐이다.

· 1910년 8월 23일

천지와 더불어 살고자 마음 쓰던 쇼조의 맑은 심경이 손에 잡힐 듯 전해 온다. 더욱이 쇼조는 자신이 '이름뿐인 자리虛位'에 불과하다는 것을 깨달았다.

아아 기쁘구나, 나는 내가 이름뿐인 자리임을 깨달았다. 이제 겨우 이것을 스스로 깨쳤다. 내가 정말로 허위虛位라면 영점零点이다. 나는 또한 무슨 물건 하나도 없다. 다나카 쇼조라는 자도 없다. 몸도 없다. 몸이 없다면 형태도 없고 마음도 없다. 이것이 참말로 허심虛心이다. 세상의 소유라는 글자는 말할 것도 없다. 나와 남이라는 구별도 없다. 정말로 허위이면서 가난하기를. 가난이라는 글자는 사라지지 않을 것이다. 이러한 까닭으로 처음으로 천국은 모두 자기 것임을 깨달았다. 기쁜 일이올시다.

· 1909년 9월 17일

내가 아무것도 갖지 않으면, 또 자신이라는 존재마저 의식하지 않게 되면 세상 모든 것은 다 자기 것이 된다는 말이다. 무소유의 소유다.

우리는 많은 것에 둘러싸여 지낸다. 텔레비전 광고 따위에 이끌려 무심코 필요 없는 것까지 사 버리는 일이 많다. 언제까지 그런 생활을 계속할 텐가, 쇼조는 그렇게 묻고 있는 것이다. 더 많이 가지고자 하는 '소유하는' 삶을 벗어나 존재 그 자체를 중시하는,

거기에 있다는 것만으로 평등한 '존재하는' 삶으로 우리 생활 양식 자체를 바꾸어 갈 필요가 있을 것이다.

다나카 쇼조와 같은 무소유의 삶을 우리가 따라가기는 어렵겠지만 우리 한 사람 한 사람이 그에게 한 걸음이라도 다가가려고 마음먹고 하루하루를 살아가는 것만으로도 일본은 꽤 달라질 것이다.

늙은이의 냉수 식으로 배우는 어리석음

야나카 땅을 떠나지 않고 수몰에 맞서는 주민들을 격려하면서도, 쇼조는 지인들에게 야나카 마을을 되살리는 일은 어려울 거라고 했다. 늙어 가는 몸으로 마땅한 잠자리도 없어 날마다 떠돌며 종종걸음 해도 일이 헛수고로 끝나리라는 것을 내다본 것이다.

그러나 쇼조는 당장 눈앞에서 고통받는 이를 한 사람이라도 건져 낼 수 있다면 그것이 내 오랜 바람이라며 멈추지 않았다.

그는 야나카 땅에서 어려운 싸움을 계속하는 자신의 모습을 다음과 같이 표현하고 있다.

  늙은이의 냉수 식으로 배우는 어리석음, 어리석음은 어
리석음이다. 인력거를 타고 빈민의 소굴을 찾는다. 이룬 것
은 적고 낭비가 많다. 먹는 것은 단맛을 탐내고 옷가지도 포
근한 것을 걸치고 싶은 늙은 몸으로, 이 불편한 땅에 와서 처
참하고 굶주린 무리 속에 들어가지 않고서는, 그들에게 배
우지 못한다. 이 늙은이의 궁박窮迫함은 참으로 한 가지뿐이
다. 정치적 학대는 이제 나에게 조금도 괴로운 일이 아니다.
옥에서 죽는 것은 고통스럽지 않다. 늙은 까닭에 못 배우는
것이 많아 괴로울 뿐이다. 너절한 옷을 입고 거친 음식을 먹
으며 다 쓰러져 가는 집에 몸을 누이면서, 그 인민의 고통에
서 배워야 구원이라는 사상이 마땅히 모습을 드러내지 않으
랴.

  만일 그런 광경을 그저 지켜보며 불쌍하다 여기고, 듣기
만 하며 가엾다고 생각한다면 그것은 피상일 뿐이다.

· 1908년 6월 15일

만년의 쇼조를 물심양면으로 지원한 헨미 오노키치辺見斧吉 1877~1940 [24] 에게 보낸 서한의 한 구절이다. 야나카 마을로 들어서면서 '꿈'처럼 흐른 세월을 되새기며 쓴 편지이다. 여기서 그는 '늙은이의 냉수 식으로 배우는 어리석음'이라고 자신을 묘사하고 있다.

"늙은이의 냉수"는 일본 속담이다. 몸이 쇠약해진 노인이 냉수를 마신다는 데서 노인에게 어울리지 않는 위태로운 짓을 비웃는 비유다. 더 폭넓게는 노인이 나이도 생각하지 않고 무모한 행동을 한다는 뜻으로 쓰인다.

쇼조는 야나카 마을에서 자신이 하는 일은 바로 노인이 냉수를 찾는 격으로 어리석은 일인데, '늙음'이라는 '적'과 싸우며 인민의 무리 속에 들어가 똑같은 처지로 지내면서, 그 '고통'을 배울 때 비로소 '구원'이라는 사상이 무심코 몸속에서 터져 나온다고 강조했다. 그저 보고 들으며 불쌍하다고 여기기만 해서는 '피상'에 머

---

24 기독교인이자 사업가. 히로시마 현에서 태어나, 게이오대학교를 졸업했다. 1904년 가업인 헨미산요당逸見山陽堂을 물려받았다. 1926년 SUNYO 상표를 등록하고, 1929년부터 통조림을 판매하기 시작했다. 1939년에는 전국통조림사업조합연합회 회장에 오르기도 했다. 아시오 광독 반대 운동을 지원하며, 만년의 쇼조를 경제적으로 뒷받침한 이다.

물러 버린다는 것이다.

이처럼 쇼조는, 특히 빈민과 같은 하층 민중의 심정을 이해하고 싶다면 그 속으로 들어가 살면서 고통을 함께 겪어야만 진실을 알 수 있다고 말한다. 철저히 민중의 '낮음'에 서서 그 '낮음'에서 생각을 시작하고자 했던 쇼조의 자세를 알 수 있다.

정치인들은 흔히 "대국적 견지에서"라는 말을 쓴다. 대국적 견지에서 보지 않으면 사물 전체는 보이지 않는다는 것이겠다. 그러나 대국적 견지에서 보려면 자신을 높은 위치에 두어야 한다. 자기 혼자만 민중의 생활을 떠나 높은 데로 올라가야 한다. 그래서 더욱더 민중의 심정이나 그 생활의 실상에서 벗어나고 마는 것이 아닐까.

후쿠시마 핵발전소 사고로 삶의 터전이 피난 구역과 경계 구역으로 지정되어 어쩔 수 없이 피난살이에 나선 어떤 이가 "정치인들도 일주일이나 열흘만이라도 피난처에서 지내 보면 잘 알 수 있을 텐데."라고 했다. 아주 지당한 의견이라고 생각한다. 다나카 쇼조는 그것을 실천한 것이다. 그것도 환갑이 지나서였다.

아니, 별로 보도되지 않아 눈에 띄지 않을 뿐, 많은 국회의원들이 실제로 피해 지역에 들어가 이재민에게 무엇이 필요한지를 들고, 그것을 바탕으로 법안을 만드는 활동을 하고 있다. 가령 후쿠다 에리코福田衣里子 1980~ [25] 씨 같은 사람이다. 피해 지역 의원은 아니지만, 동료 의원들과 함께 여러 차례 피해 지역 곳곳을 찾아 봉사 활동을 하면서 핵발전소 노동자들의 안전을 지키기 위한 법안을 만든다. 성난 사자처럼 맹렬히 일한다. 그것은, 혈액제제를 맞고 C형 간염에 걸린 약해 피해자로서 '생명'의 귀중함을 정말로 이해하게 된 덕분일 것이다. 후쿠다 씨는 "많은 '생명'을 빼앗는 것이 정치라면, 많은 '생명'을 구하는 것도 정치"라는 마음으로 일하고 있다.

이 '국난'이라 할 만한 상황에서 저 좋은 일밖에 모른 채 권력 다툼에 몰두하는 국회의원들이 있다면, 우리는 그런 의원들에게는 다음 선거에서 투표하지 않도록 해야 한다. 그것이 우리의 책임이다.

오늘은 오늘 주의

---

25 2009년 나가사키 2구에 민주당 중의원 후보로 입후보해 9선을 자랑하는 자민당의 거물 규마 후미오久間章生를 꺾고 당선되었다.

이것도 다나카 쇼조의 사상이 지닌 특색 가운데 하나이다. 현재를 구하려고 하는, 있는 그대로를 구하겠다는 그의 사상 속 구제관이 드러난 것이다.

쇼조가 이러한 생각을 하기에 이른 것은 고토쿠 슈스이幸德秋水 1971~1911[26]와 같은 사회주의자나 기노시타 나오에木下尚江 1969~1937,[27] 헨미 오노키치처럼 기독교 신앙인으로서 현실 정치를 부정하던 이들과 논쟁을 벌이면서였다.

---

26   메이지 후기의 사회주의자이자 무정부주의자. 1888년 도쿄로 나가 나카에 조민 아래에서 자유 민권 사상을 배웠다. 아시오 광독 문제에 관여하며 다나카 쇼조가 덴노 직소문을 작성할 때도 도운 이로 잘 알려져 있다. 1901년 《20세기의 괴물 제국주의廿世紀之怪物帝国主義》를 썼고, 사회민주당 결성에 참여했다. 1903년 헤이민샤平民社를 결성하고 주간지 〈헤이민신문平民新聞〉을 창간하여 러일전쟁에 반대했다. 1904년 에는 〈헤이민신문〉 창간 1주년을 기념해 《공산당선언》을 옮겨 신문에 실었다가, 그날로 판매 금지 처분을 당한다. 1905년 미국으로 건너가 반 년쯤 지내면서 무정부주의에 발을 들였고, 일본으로 돌아온 뒤에는 의회주의에서 직접행동론으로 전향해 사회당 동료들과 대립했다. 1910년 메이지 덴노 암살 사건에 관여했다는 누명을 쓰고 체포되 었고, 이듬해에 사회주의자 11인과 함께 사형당했다.

27   소설가. 기독교 사회주의자이자 평화 운동가. 나가노 현長野縣의 하급 무사 집안에서 태어났다. 중학교 때 청교도혁명을 배우면서 영국의 국왕을 쓰러뜨린 크롬웰 Oliver Cromwell 이야기에 큰 감동을 받고, 1888년 와세다대학교의 전신인 도쿄전문학교 법학과에 진학한다. '국왕을 재판하는 법률'을 배우고자 했지만, 영국 헌법이 국왕의 절대성에 바탕을 두고 있다는 것을 알고 크게 좌절해 고향 마쓰모토松本로 돌아온다. 기자, 사회운동가, 변호사로 일하며 25세 되던 해에는 세례를 받고 기독교인이 되었다. 1899년에는 도쿄로 나가 〈마이니치신문每日新聞〉(처음으로 발행된 일본어 일간신문으로, 오늘날 발간되는 〈마이니치신문〉과는 다른 것이다.) 기자로 일하면서,

고토쿠 슈스이는 미국에서 돌아와 직접행동론을 주장했다. 별로 알려지지 않은 사실이지만, 이때 그는 자신이 일찍이 주장한 바 있고, 일본사회당日本社會黨[28] 도 운동방침으로 내세우던 의회 정책론이 무력했음을 토로하면서 다나카 쇼조의 의회 활동을 반면교사로 인용했다. 쇼조는 제국의회에서 '20년'이나 광독 문제를 해결하고자 호소했으나 아시오 광산에 손가락 하나 건드리지 못했다, 그런데 아시오 광산 노동자들은 단 한 차례 파업(1907년 2월 아시오 광산 쟁의)으로 처우 개선을 이루어 냈다, 그러니 의회에 기대는 것은 덧없고 직접행동밖에는 방법이 없다고 주장한 것이다.

다나카 쇼조가 국회의원을 지낸 것은 10년 남짓이지만 고토쿠 슈스이는 웬일인지 20년이라고 말한다. 어쩌면 의회 활동의 무의

공창제도 폐지와 아시오 광독 사건에 얽힌 정관계 부패를 폭로하는 데 힘을 쏟았다. 1901년에는 사회민주당 건설에 참여했고, 러일전쟁을 앞두고는 비전론을 펼치며 활약했으나 전쟁이 끝난 뒤로 사회주의와 멀어져, 종교에 더욱 심취했다. 1913년 다나카 쇼조가 쓰러졌을 때는 사노로 달려가 한 달 남짓 머물며 임종할 때까지 쇼조를 간호했다. 1922년에는 《다나카 쇼조의 삶田中正造之生涯》을 펴냈다.

28 1906년에 결성된 일본 최초의 합법적 사회주의 정당. 이듬해 운동방침을 둘러싸고 고토쿠 슈스이의 직접행동론과 기존의 의회 정책론이 대립한 가운데 정부 결정으로 결사가 금지되었다.

미함을 강조하기 위해 부러 20년이라고 했는지도 모르겠다.

쇼조는 사회주의를 "시대 형편에 맞는 바른 기풍"으로 평가하면서도, 사회주의자들이 아시오 구리 광산 광독 문제를 대하는 방식을 두고는 불만스러워 했다. 좀 더 애써 주기를 바랐던 것이다. 쇼조는 그것을 불길에 휩싸인 유곽에 빗대고 있다.

사회주의자들은 창녀는 '악인'이니 '불에 타는 게 더 낫겠다.'며 돕지 않으려는가. 자신이라면 그렇게 차갑게 내팽개치지 않을 것이다. 설령 악인이라 해도 그 '목숨'이 위험하다면 불 속에 뛰어들어 구하는 것이 사람의 길이라는 것이다.

근대 일본의 공창제도는 다나카 쇼조도 반대했다. 그런 의미에서는 사회주의자들과 관점이 같았다.

하지만 또, 이렇게도 빗대고 있다. 사회주의자들은 사회가 점점 진보해 가는 만큼 공창제도는 내버려 두어도 자연스럽게 사라질 거라고 본다. 반면 쇼조는 그렇다고 소멸할 때까지 그냥 놔두기에는 너무나도 참을 수 없는 일이라는 것이다.

당시 사회주의자들 사이에는 마르크스가 주장한 '세계사의 기본 법칙'을 진실로 받아들이고, 자본주의는 반드시 사회주의로 옮겨 간다고 여기며, 달력을 하루씩 넘길 때마다 그만큼 혁명이 가까워졌다고 기뻐하는 낙천적인 분위기가 존재했던 것이 사실이다. 그런 낙관성이 현실을 바꾸기 위한 움직임을 약화시킨 것도 부정할 수 없다.

1912년 5월 1일 야나카 마을에 남은 주민들의 가족을 만나는 자리에서 다나카 쇼조는 이렇게 말했다.

> 사회주의자들은 경제를 합리화하고 사업을 기계화해서 그 이익을 공평하게 분배하면 하루 몇 시간씩 잠시만 일해도 편안하게 살 수 있다고 하지만 그것은 미래의 이상입니다. 우리는 인재로 일어난 수해 때문에 파괴된 눈앞의 야나카를 자연 그대로 되살려 쌀과 보리를 거둘 수 있도록 하는 것이 중요합니다.
>
> · 1912년 5월 1일

이처럼 쇼조는 "다른 새로운 사상이 있어서, 그것이 사회를 바로잡는 것은 별개로 두고 오늘은 오늘, 미래는 미래"라며 "이 궁핍한 이들을 한 사람이라도 구할 수 있다면 나는 여기서 죽어도 더는 한이 없다."고 밝힌다. 눈앞의 어려운 사람, 차별과 억압에 시달리는 사람을 구하는 일, 즉 현재를 구하는 일, 있는 그대로를 구하는 일에 꾸준히 열정을 쏟은 것이다.

그래서 자본주의를 없애겠다는 큰 목적 앞에서 아무리 사소한 일로 여겨질지라도, 기노시타와 헨미가 야나카 마을 주민들을 '신의 백성'으로 삼아 '진정한 사랑의 천국'을 야나카에 만들고자 한 종교적 메시아주의의 숭고함을 잘 알면서도, "눈앞에서 보고 있자니 측은한 마음을 참을 수 없다."며, 쇼조는 현재를 구하는 쪽으로 움직이기를 멈추지 않았다.

그것이 쇼조의 '오늘은 오늘 주의'였다. 그리고 이러한 쇼조의 '오늘은 오늘 주의'가 한국의 기독교인 함석헌1901~1989에게서도 공통점으로 발견된다는 것은 매우 흥미로운 일이다.

조금이라도 사람 목숨에 해가 된다면

조금쯤은 괜찮다고 말하지 말라.

3. 광독 문제에서 배운다

아직도 계속되는 광독 물난리

아시오 광독 문제는 아시오 구리 광산에서 유출된 광독이 와타라세 강 강물에 섞여 흘러내리면서 발생했다. 평상시에도 관개용수 따위에 섞여 농작물에 피해를 입혔지만, 큰물이 지며 광독 피해가 더욱 퍼진 것이다.

다나카 쇼조는 홍수 피해를 '천재'로 보았지만, 광독 피해는 '인재'나 다름없다고 여기고 있었다. 천재와 인재가 겹친 '복합 가해 合成加害'로 광독 문제를 파악하고 있었던 것이다. '재해災害'가 아니라 '가해'로 표현하고 있는 것을 눈여겨볼 필요가 있다.

다만, 나중에는 물난리도 '인간이 만들어 낸' 피해라고 말한다.

예를 들어 1910년에는 "이번 대홍수 피해는 옛것의 세 배나 된다. 그 삼 분의 이는 우리 인간이 만들어 낸 것이다. 세상의 삿된 욕심과 간악함에서 비롯된 것이다."라며, 홍수 피해의 '삼 분의 이'는 '삿된 욕심과 간악함'이 원인이 된 인재라고 지적했다.

이번 동일본 대지진도 지진과 해일은 천재였다. 아니 내진 공사가 늦었거나 대피를 제대로 유도하지 못했다면, 지진과 해일 피해라 해도 인재인 부분이 있을 것이다. 하지만 핵발전소 사고는 틀림없이 인재다. 이 인재는 도쿄전력東京電力과 일본 정부가 만들어 낸 사상 최대 규모의 '공해公害'다. 그래서 우리도 쇼조처럼, 동일본 대지진을 재해가 아니라 '복합 가해'로 파악할 필요가 있다.

그래도 천재로 끝났더라면, 얼마쯤 시간이 흐른 뒤에는 복구할 수 있다. 그러나 거기에 핵발전소 사고와 같은 인재가 겹치면, 언제 이 재해를 극복할 수 있을 것인지 앞이 보이지 않는다.

실제로, 아시오 구리 광산 폐갱에서는 지금껏 광독 성분이 계속 유출되고 있다. 정련 찌꺼기 따위가 모인 퇴적장에서도 유독 물질이 배어 나오고 있다. 와타라세 강의 진흙 속에도 광독 성분이 섞여 있어, 물난리가 나면 지금도 광독이 논밭으로 밀려든다.

그리 크게 보도되지는 않았지만, 이번 3·11 대지진으로 퇴적장 하나가 무너지면서 와타라세 강으로 흘러들었다. 말하자면, 지금도 아시오 구리 광산 광독 문제는 계속되고 있다. 인간의 잘못으로 일어난 '복합 가해'의 심각성이 거기에 있다.

그리고 '가해'라는 표현을 씀으로써, 피해가 일어나는 구조도 분명히 인식할 수 있다. '천벌天罰'이라는 식의 중립적인 표현으로 얼버무려서는 안 된다는 말이다.

다나카 쇼조는 또, 수해를 당했을 때 지녀야 할 마음가짐에 대해서도 말하고 있다.

무릇 물을 다스리고자 하는 사람은 그 마음을 물처럼 하지 않으면 안 된다. 세상 사람들이 만약 정말로 마음을 물과 같이 한다면, 이번 재앙을 만회해서 행복으로 삼는 것 또한 쉬운 일로, 마치 손가락으로 손바닥을 가리켜 보는 것보다도 분명하다. …… 단지 이때의 걸림돌, 즉 당파와 관민 사이의 자잘한 갈등小反目은 아무런 값어치도 없을 뿐 아니라, 쓸데없이 세상의 큰일들을 바로잡을 더없이 좋은 기회大好機를 잃을 뿐이다.

물과 같은 마음이란, 공명정대하고 평등하며 정직한 마음이다. 사리사욕을 떠난 마음이라는 말이다. 그런 마음으로 임하면, 복구는 '쉬운 일'이라고 한다. 그러나, 거기에는 복구를 늦추는 '걸림돌'이 하나 있다. 그것은 '당파' 사이, '관민' 사이에서 벌어지는 '자잘한 갈등'이다. 모두가 하나가 되어 복구에 임하지 않으면 안 될 때, 당파 간에 서로 으르렁거리고, 관과 인민이 서로 불신을 키우고 있다가는, 복구할 수 있는 '더없이 좋은 기회'도 놓쳐 버린다는 것이다.

정치인들은 대지진이라는 재해는 내팽개친 채 서로 발목을 잡고, 우리 또한 정부가 발표하는 정보를 선뜻 믿지 못하는 형편이다. 오늘날의 이러한 정치 사회 상황을 본다면, 다나카 쇼조는 천국에서 큰 소리로 꾸짖을 것이다. "지금은 그런 짓을 하고 있을 때가 아니다!" 라고.

눈에 보이지 않는 독

아시오 구리 광산에서 유출된 광독이다 보니, 많은 이들이 구리가 원인 물질이겠거니 생각할 것이다. 그 시대 사람들도 마찬가지였다.

예를 들자면 제국대학 의과대학(오늘날 도쿄대학교 의학부)의 쟁쟁한 교수들도 그러했다. 이들도 구리 중독을 의심해, 몸집이 작은 동물들로 실험을 했다. 하지만 유럽에서 보고된 사례를 참고해 보아도 만성적인 구리 중독은 있을 수가 없는 일이었다. 그 때문에 많은 의학자들은 피해 주민들이 아픈 원인을 물난리로 오염된 우물물을 마셔서라거나, 기생충 탓이라거나, 영양불량 따위에서 찾았다. 소량의 구리는 오히려 건강에 좋다, 이렇게 주장하고 있었던 것이다.(그러고 보면, 후쿠시마 핵발전소 사고 때도 "소량의 방사능(플루토늄)은 건강에 좋다."라고 설명한 전문가가 있었다.)

그러나 하야시 하루오林春雄라는 조교수가 유일하게 '복합 오염'을 의심했다. 즉 아시오 광산의 구리 광석은 황화구리이며 구리 성분뿐만 아니라, 납이나 아연, 망가니즈, 비소와 카드뮴도 들어 있어, 그것들이 두루 작용해서 사람 몸에 해를 끼친 것이 아닌가 하는 가설을 내놓은 것이다.

그런데 하야시 씨는 복합 오염설을 주장한 직후 문부성文部省으로부터 독일 유학을 명령받았다. 참으로 수상쩍은 이야기다. 독일 유학은 본인에게는 의학자로서 더 바랄 나위 없는 일이었을 것이다. 하지만 하야시 씨가 복합 오염설을 주장한 시기는, 다나카 쇼조가 덴노에게 직소하면서 달아오른 여론을 달래기 위해 정부가 제2차 광독조사위원회 설치를 검토하던 때이다. 하야시 씨가 일본에 있었더라면 당연히 그 위원회의 위원이 되었을 테고, '복합 오염'설을 살필 수 있었을 것이 틀림없다.

이리하여 아시오 광독은 그 진상이 밝혀지지 않은 채 오늘에 이르고 있다.

다만 진실이 밝혀지지 않았다고는 해도 실제로 와타라세 강 연안의 주민들이 건강을 해쳤고, 사망자까지 나왔다는 사실에는 변함이 없다.[29] 그리고 광독의 무서움은 그것이 눈에 보이지 않는

---

29 다나카 쇼조가 1899년 3월 6일 제13 의회에 제출한 〈아시오 구리 광산 광독 사건 재질문서〉에 관련 자료가 잘 나와 있다. 당시 가장 피해가 심했던 곳은 아소 군 우에노 마을 아자 누마하타安蘇郡植野村字沼畑였는데, 45가구에 320여 명이 살고 있었다. 1897년 이 마을에서 5명이 태어나는 동안 9명(이 가운데 두 돌 안 된 아기가 5명이었다.)이 죽었고, 이듬해에는 6명이 태어나는 동안 19명(이 가운데 두 돌 안 된 아기가 15명이었다.)이 죽었다. 인구 100명 당 태어난 아기 숫자로 보면 일본 전국 평균이 3.08명, 가까운 무해 지역이 3.44명이었는데, 광독 피해 지역은 1.85명밖에 되지 않았다.

다는 데에 있었다.

다나카 쇼조는 다음과 같이 말하고 있다.

광독과 같은 것은 눈으로 보이지 않고, 또 현미경으로도
보이지 않으며, 분석하는 것 말고는 도저히 보통 사람이 알
수 없는 피해이다. 그러므로 피해 주민들도 무지해서 일찍
이 이런 일이 있었다 하더라도 모르고, 정부 관리 또한 그 경
험이 없어 서러운 형편이나, 이 참상을 아는 자는 드물다.
그 드물게 아는 자는 누구인가. 분석가 기술자들뿐이다. 그
런데, 이 나라의 그 기술자들은 썩어 빠져서 뇌물을 받거나,
아니 뇌물을 받고자 다그치고, 조르고 빼앗는 세상이 되어
버렸다. 그렇다면 그 기술자들이 어떻게 진지하게 일을 처
리한 뒤 보고할 것인가. 모두 다 새빨간 거짓말을 늘어놓아
도 이를 모르는 옛 번벌藩閥[30] 의 노후한 대신들, 자주 자리를
옮기는 탓에 더더욱 사실에 어두워진다. 실로 불쌍하고 또

게다가 사망자는 일본 전국 평균이 2.20명, 가까운 무해 지역이 1.92명이었는데, 광독
피해 지역은 5.875명에 이르렀다. 사망자 대부분이 태아나 영아였다.

30 메이지유신 때 공을 세운 번 출신들이 세운 파벌.

슬프다. 이 해를 입은 이들이 더 나아갈 데가 없는 큰 피해
에 이르도록 했다. 이 동포가 늘 헐벗고 굶주리매 울고, 아
침 저녁으로 다급하고 거센 배고픔이 밀려와도 채울 수 없
어 슬퍼하며, 영양은 부족하고, 여인들은 젖이 모자라 호소
한다. 그리고 우직한 인민에 이르러서는 아직도 그 해가 무
엇인지도 모르며, 간악한 패거리에게 우롱과 조롱을 당하고
있는 것을 보기에 어떻게 참고 견딜 수 있겠는가. 생존 때문
에 비통한 끝에, 그저 아 하는 탄식을 터뜨릴 뿐. 지금은 그
한탄과, 슬픔의 소리마저 낼 수 없을 지경에까지 이르게 되
었습니다.

· 1898년 4월 22일

애절하기 그지없는 문장이다. 아시오 광독은 정부도 인민도
'경험이 없는' 문제였다. 전혀 알지 못하는, 눈에 보이지도 않는 독
이 덮쳐드는 공포는 오죽하겠는가. 쇼조는 그런 피해 주민들의
심중을 이렇게 헤아리고 있다. '더 나아갈 데가 없는 큰 피해'를 맞
닥뜨려 '생존 때문에 비통한 끝'이라, 그저 '아' 하는 탄식밖에 터뜨
릴 수 없는, 아니 지금은 한탄할 힘조차 없다고. 진실을 파악할 수

있는 지위에 있는 기술자들은 '노후한 대신'들이 아무것도 모른다는 핑계로 '새까만 거짓말'을 늘어놓으며 보고했다고 비판한다.

눈에 보이지 않는 독이다 보니 피해 주민들은 여러 차례 정부나 후루카와에게 속았다.

첫 번째는 정부 답변이다. 다나카 쇼조가 처음 국회에서 아시오 구리 광산 광독 문제를 추궁한 것에 답하면서, 정부는 독일제 최신 분광채집기를 23대나 아시오 광산에 설치할 테니, 광독이 더 이상 흐르지 않을 거라고 선전했다. 그것을 구실로 피해 마을들과 화해계약을 맺어 나갔는데, 이 분광채집기란 것은 생산량을 늘리기 위한 기계이지 광독을 막기 위한 기계는 아니었다. 여태 물과 함께 흘려보내던 미세한 광석을 거두어 거기서 구리 성분을 빼내기 위한 기계였다. 그것을 광독을 회수하는 기계라고 속여 화해 교섭을 진행한 것이다.

분광채집기가 어떤 기계인지 당시 기술자들은 잘 알고 있었을 것이다. 하지만 아무도 진실을 말하는 사람은 없었다.(거짓 답변서를 낸 이는 무쓰 무네미쓰陸奥宗光 농상무대신이었다. 그의 둘째 아들 준기치潤吉는 후루카와 이치베의 양자가 되어, 후루카와 재벌 2대 사장으로 취임했다.)

결국 아시오에서 일어난 일이 미나마타水俣에서도 되풀이되었다. 신일본질소비료窒素, 칫소 미나마타 공장은 1960년 1월 배수 처리 시설로 사이클레이터cyclator[31]를 설치하고, 이제 공장 폐수는 깨끗해질 거라고 선전했다. 공장장이 사이클레이터에서 흘러나오는 폐수를 컵에 퍼 마시는 연기까지 보여 주었다. 사실 그 물은 수돗물이었다. 그때는 폐수를 흘리지 않았던 것이다. 그러나, 이어진 언론 보도가 문제였다. 마치 미나마타병 문제는 이것으로 해결되었다는 식의 보도가 잇따랐다. 결국 미나마타병 환자들은 아무것도 말할 수 없는 상황으로 내몰리고 말았다.

아시오 광독 피해 주민이 두 번째로 속아 넘어간 것은, 정부가 후루카와에게 내린 광독 예방 공사 명령에 관해서였다. 후루카와에게 광독 예방 공사를 명령한 것은, 청일전쟁 이후 설치된 '아시오구리광산광독문제조사위원회(제1차)'였다. 청일전쟁 이후 광독 피해가 더 확산되자, 피해 주민들이 광독 사무소를 설치하고 그곳을 거점으로 도쿄에 대거 청원 상경하는 '밀어내기'에 나서면서, 여론이 들끓었다. 이 여론을 받아들여 조사 위원회가 설치

---

31   침전물 농도가 높은 물을 정화하는 처리 장치의 일종.

된 것이다. 위원회는 후루카와에게 조업 정지를 명하지는 않았지만, 그때로서는 상당히 엄격한 내용을 담은 광독 예방 공사 명령을 내렸다.

후루카와는 이 명령이 떨어지자, 아시오 주민들까지 동원해 가며 광독 예방 공사를 마쳤다. '180일' 안에 끝내라고 명한 공사를 간신히 기한 내에 해낸 것이다. 그러자 언론은, 이제 광독이 유출되지 않으니 피해 주민들도 운동을 그만두어야 한다고 떠들었다. 예방 공사는 '전문'적인 '학문과 이론'에 따라 입증된 것이고, 피해 주민들의 주장은 '비과학적'이라는 이유에서였다. 그동안 피해 주민들의 운동에 호의적이었던 여론을 '과학'의 이름으로 짓누르고 마는 노릇을 한 것이다.

하지만 그 무렵 과학기술로서는 광독 유출을 완벽하게 억제하는 것은 아무래도 불가능했다. 후루카와는 최선을 다해 생각해 낼 수 있는 공사를 모두 했을지도 모르지만, 그래도 광독을 막을 수는 없었다. 그 뒤로 홍수가 잇따르면서 광독 피해가 더욱 커진 것이 그 증거이다. (공사를 감독한 관청의 책임자 미나미 테이조 南挺三는, 나중에 낙하산 인사로 아시오 구리 광산에 입사했다.)

그런데, 정부와 후루카와의 발표를 그대로 수용한 언론 보도로 인해, '광독 문제는 끝났다.' 하는 분위기가 형성되었다. 이렇게 해서 피해 주민들은 차츰 버려져 갔다.

눈에 보이지 않는 독에 대한 공포, 그것은 방사능도 마찬가지다. 우리는 지금 100년도 더 된 옛날 아시오 광독 피해 주민들과 비슷한 상황에 놓여 있다.

그래서, 지금 필요한 것은, 언론이 진실을 보도하는 일이다. 정부나 도쿄전력 발표를 그대로 믿을 것이 아니라, 각 언론사가 온 힘을 기울여 스스로 취재하고 올바른 정보를 국민에게 제공하는 것이다. 아시오 광독 피해 주민이나 미나마타병 환자들이 여러 차례 속아 넘어간 역사를 되풀이해서는 안 된다. 눈에 보이지 않는 독이기 때문에, 언론은 그것을 제대로 드러내야 하는 역할을 맡았다고 할 수 있다. 어떤 의미에서는, 지금처럼 일본 언론의 진정한 가치가 시험대에 오른 적이 없다.

정부도 당장 불리한 자료는 숨겨 둔다는 식으로 '눈 가리고 아웅' 하는 자세로 임하지 말아야 한다. 정직하고 정확하게 사고의 진실과 피해 실태를 발표해야 한다. 피해가 눈에 보이지 않는다고 해서 얼버무리려다가는, 피해는 영원히 이어지게 될 것이다. 그것이 아시오와 미나마타에서 배워야 할 교훈이다.

독을 먹는다

'독식毒食'이라고 쓰고, '도쿠지키どくじき'[32] 라고 읽는 것일까. 쌀과 보리, 채소가 광독에 오염된 줄도 모르고 먹고 있는 피해 주민들에 대해 말하면서, 다나카 쇼조가 쓴 말이다. 정말 직설적인 표현이다.

1898년 6월 6일, 제국의회에서 행한 질문 연설에서 다나카 쇼조는 광독 피해의 참상을 다음과 같이 말했다.

"광독의 가장 곤란한 점은 눈에 보이지 않는다."라는 것이다. 특히, "광독이 약한 곳"에서는, 물난리가 나 한차례 물을 뒤집어쓴 정도로는 전혀 알 수 없다. 가령 쌀 다섯 섬을 거둘 수 있는 300평짜리 논이 있다고 하자. 이 논이 광독 물을 뒤집어쓰는 바람에 두세 되 정도만 수확량이 떨어진다고 해도, 그것이 광독 탓이라는 것은 "경험이 많은 농부老農"나 "전문가學士"도 잘 모른다.

물난리가 몇 차례 되풀이되면, 광독도 "점점 짙어진다". 물론 "한결같"지는 않고, "옅은 곳도 생기고 짙은 데도 생긴다". "그래

---

32 '독을 먹는다'라는 뜻으로, 다나카 쇼조가 만든 말이다.

서 광독이 심한 곳에서는, 바로 '독식'을 하고 있습니다. 부인네들은 젖이 안 나오는 지경에까지 몰려 있습니다. 부인이 아이한테 물리는 젖이 마르는데, 광독에 오염된 땅에서 난 쌀을 먹고 물을 마시기 때문에, 젖이 나오지 않는다. 하지만 더욱 가난한 사람은 시장에 나가 다른 동네 쌀을 사 먹기 때문에 젖이 나온다. 논밭이 조금 있어 스스로 가꾼 것을 먹는 사람은 젖이 나오지 않는다".

이처럼 쇼조는 참으로 세밀하게 들여다본다. 이를 테면, 광독 피해가 극심한 지역에서도 스스로 직접 농사지은 쌀을 먹는 자작 농층은 건강 피해를 입었고, 시장에서 사 온 쌀을 먹는 빈농층은 그다지 피해를 입지 않았더라는 피해의 계층성까지 살피고 있는 것이다.

그리고 쇼조는 피해 주민이 "스스로 피해를 감추는" 상황에 몰려 있는 것을 짚는다. "쌀을 거둔다, 그리고 계속 시장에 팔러 가면 '광독 쌀이 아닌가?' '그렇지 않습니다.' '광독에 오염된 쌀이 조금 나왔는데 독성은 별로 없습니다.' 하고 있다". 광독은 약해서 먹어도 해가 없다며 "거짓말을 한다."는 것이다. 쌀뿐만이 아니다. 뽕나무도 누에고치도 실도 팔 수 없게 되었다. 그 때문에 "인지상정으로 다들 이것을 숨기는 쪽으로 움직이고 있다, 무서운 일입니다."라고 쇼조는 말하고 있다.

결혼에도 걸림돌이 되어서 그 때문에도 "피해를 감춘다."고 한다. 그 시절 피해가 없는 가까운 지역들에서는, 광독 피해를 입고 있는 마을에는 시집보내지 않는다는 소문이 떠돌았기 때문이다.

실제로 광독이 작물에 어떤 피해를 미치는지 시험도 해 보았다. 예를 들면 콩이다. 홍수에 7푼~8푼 잠긴 정도로는 대부분 버리지 않고 먹었지만, 광독이 심해지면 콩에서 구리 맛이 났다고 꼬집었다.

물론 쇼조는 피해 주민들에게 광독에 오염된 것은 먹지 말라고 했다. 가령 1896년 9월 15일에 야마자키 게이지로山崎啓二郎 씨에게 보낸 편지에서는 "이번 독물毒水에 흠뻑 젖은 음식은 곡식, 채소, 물고기 등 그 종류를 불문하고 모두 이를 먹지 않도록 할 것"이라고 쓰고 있다. 그리고 정부에는 피해 주민들의 열악한 위생 환경을 개선하거나, 독을 먹지 않도록 하는 대처를 요구했다. 그러나 당시 정부는 아무런 대책도 마련하지 않았다.

'독식'은 미나마타 어민들한테서도 볼 수 있다. 생태계의 먹이 사슬로 유기수은에 오염된 물고기를, '독'이라고는 생각지 못한 채 대량으로 먹는 바람에 미나마타병에 걸린 것이다. 가난해서 먹을 것이 마땅치 않았던 탓에, 직접 잡은 생선을 먹을 수밖에 없었다. 중독 증상을 보이는 환자가 처음 발견됐을 때, 정부가 식품위생법을 적용해 생선을 먹지 않도록 막았더라면 피해가 그렇게까지 확대되지는 않았을 것이다.

쓰다 도시히데津田敏秀 씨는 미나마타병의 "원인 식품이 미나마타만에서 난 해산물인 것은, 면밀한 조사를 거쳐 1956년 11월에 이미 판명되었다."라고 짚었다.(《의학자들은 공해 사건에서 무엇을 해 왔는가医学者は公害事件で何をしてきたか》, 이와나미쇼텐岩波書店, 2004) 하지만, 정부는 식품위생법에 따른 피해 조사와 대책을 실시하지 않았을 뿐 아니라, 후생성은 되레 그 절차를 가로막았다.

우리는 더 이상 '독식'을 되풀이해서는 안 된다. 후쿠시마 제1핵발전소 사고로, 우리 생명에 해를 끼치는 방사성물질이 대량으로 뿌려졌다. 그리고 우리가 먹는 쇠고기나 우유, 물, 찻잎 따위가 오염됐다. 그 밖에 얼마나 많은 작물이 오염되었는지 아직도 뚜렷하게는 알 수 없다. 생명을 키우는 물과 흙이 오염되고, 형언할 수 없는 불안과 공포가 국민 속에 퍼져 있다.

우리 국민이 잘 몰라서 '독식'하게 되는 일을 막을 책임은 말할

나위도 없이 정부에 있다. 정부 관계자에게 1903년 10월 21일에
다나카 쇼조가 읊은 노래를 삼가 바치고 싶다.

조금이라도 사람 목숨에 해가 된다면
조금쯤은 괜찮다고 말하지 말라.

물을 맑게 하라

아시오 구리 광산 광독 문제는 와타라세 강 물이 오염된 탓이
었다. 애당초 광독을 머금은 물이 홍수 때마다 강과 잇닿은 논밭
으로 흘러넘쳐, 토지와 농작물에 피해를 주면서 시작된 것이다.

군마 현 오타 시群馬県太田市의 모리타지구毛里田地区는 2차 대전
이후에, 카드뮴으로 오염된 쌀이 문제가 되어 아시오 구리 광산
을 소유한 후루카와강업古河鋼業에게 배상을 받아 낸 곳이다. 지금
도 그곳은 논바닥의 물꼬를 아주 깊게 파 놓았다. 광독 성분을 가
라앉히기 위해서이다.

미나마타병도 시라누이不知火 바다[33]의 물이 오염된 탓이다. 강

과 바다라는 차이는 있지만, 생명의 근원인 물이 오염되었다는 점에서 둘이 같다.

생각해 보면 핵발전소도 물에 기댄다. 발전하려면 물을 끓여야 하고, 원자로나 연료봉을 냉각하는 물을 대량으로 확보하지 못하면, 핵발전소는 당장 멈추거나 폭발하고 만다.

인간만이 아니라 온갖 살아 있는 것들의 생명을 키우는 물. 그 물을 오염시켜서는 안 된다. 만일 더러워졌다면 그것을 깨끗이 하기 위해 온 힘을 다해야 한다.

예로부터 강과 바다는 우리 삶과 함께 있었다. 강은 마실 물이나 농사에 쓰였고, 어부들의 삶의 터전이자 사람과 물건을 나르는 길이었다. 강과 인간의 거리는 지금보다 더 가까웠다.

그런 가운데서도 특히 와타라세 강은 메이지 중기까지 도쿄에 사람과 물건을 실어 나르던 대동맥이었다. 무엇보다 그 물이 깨끗해 기류桐生나 아시카가足利 같은 고장에서는 비단 산업을 발전시켜 왔다.

다나카 쇼조는 와타라세 강에서 나는 것들의 은혜로움을 흔히

---

33 일본 규슈 지방 구마모토 현에 있는 물굽이 만. 그 연안에서 미나마타병 환자가 많이 나왔다.

이집트와 나일 강의 관계에 빗댔다. "이집트는 나일 강의 선물"이라고 하듯, 와타라세 강이 베푸는 혜택에 기대 강가 지역 주민들의 생활이 이루어지고 있다고 여겼다. 그 때문에 오염된 물을 깨끗하게 하는 것이 선결 문제라고 강조한 것이다.

일찍이 1899년에 쓴 서한에서, 쇼조는 "이번 광독 사건 청원의 핵심은 사람을 죽이지 말라, 와타라세 강의 물을 맑게 하고 자연이 베푸는 선물을 모두 되살리라는 데에 있다. 그 나머지는 모두 그 안에 들어 있는 취지이다. 자연이 내린 축복을 되살리고, 물을 맑게 하고, 사람을 죽이지 말라는 세 가지 조항에 불과하다."고 말했다. 둑을 쌓기보다 물을 맑히는 것이 먼저라는 주장이었다.

덴노에게 직소한 사건을 전후해 쇼조가 쓴 글들을 보면, 와타라세 강이 베푸는 축복이 곳곳에 많이 열거되어 있다. 논밭을 기름지게 한다, 물이 좋아 직물업이 발달했다, 생선이나 조개가 많이 살아서 많은 어부들이 덕분에 먹고살았다, 강가에 빽빽하게 자라는 조릿대나 갈대로 지역 명물을 만들어 수월찮이 벌이를 해왔다, 등등 무척이나 꼼꼼히 살폈구나 하고 감탄할 정도다. 그만큼 인간과 강이 공존했고, 강이 베푸는 은혜와 덕택을 많이 누려 온 것이다.

와타라세 강의 은혜를 강조한 것은 쇼조만이 아니다. 강가에서 농사를 짓으며 살던 니와타 겐파치庭田源八 씨가 정리한 〈광독 피해 지역 날짐승·길짐승·벌레·물고기 피해 사실 기록鉱毒地鳥獣虫魚被害実記〉에는, 광독으로 오염되기 전 와타라세 강의 풍요가 고스란히 담겨 있다. 물고기 종류만 해도 연어, 잉어, 송어를 비롯해 은어, 붕어, 메기에 이르기까지 모두 열아홉 가지나 나온다. 이들이 광독에 오염되어 모조리 망그러진 것이다. 그래서 다나카 쇼조는, 우선 "물을 맑게 하"라고 강조했다.

물을 맑게 하는 데도, 먼저 자연의 정화 작용을 최대한 살릴 필요가 있다. 가령, 바지락 한 마리가 한 시간에 물 1리터를 정화한다고 한다. 강가의 갈대도 물을 맑게 한다. 바다라면 거머리말도 그렇다. 무슨 일이 있어도 자연의 정화 작용을 넘어서는 지경까지 물을 더럽히지는 말아야 한다.

그런데 이번에 정부와 도쿄전력은 방사성물질이 엄청나게 든 오염수를 바다에 흘려보내는 '폭거'를 감히 실행했다. 믿을 수 없는 일이다. 미나마타병을 일으킨 것과 똑같은 원리가 작용해서, 먹이사슬에 따라 해양 생물들에게 쌓인 다음, 끝내는 인간이나 큰 물고기가 해를 입지 않는다는 보증은 어디에도 없다. 벌써, 후쿠시마 현이나 미야기 현의 바다 밑바닥이나 바닥고기에서, 기준치를 크게 웃도는 방사성물질이 확인되고 있다. 수질 오염의 영향은 오랜 세월 동안 우리가 모르는 사이에 나타날 것이다.

우리는 더 이상, 미래 세대의 '생명'을 위태롭게 해서는 안 된다.

평생에 한 번 큰일 하나를 만나면 족하다

다나카 쇼조가 광독 문제를 만난 것은 1891년, 쇼조가 51세 때였다. 그리고 1913년에 세상을 떠날 때까지 22년 동안, 다나카 쇼조는 잠시도 광독 문제를 놓지 않았다.

그런데 다나카 쇼조는 왜 아시오 구리 광산 광독 문제에 매달리는 노력을 평생 그치지 않았던 것일까.

쇼조의 선거구는 도치기 현의 아시카가와 사노를 중심으로 한 지역으로, 물론 광독 피해를 입은 곳이었다. 그러나 광독 피해는 도치기 현 뿐만이 아니라, 군마, 사이타마, 이바라키, 치바, 도쿄까지 광범위하게 미쳤다. 선거구가 광독 피해지인 것으로 치면,

그러한 지역에서 뽑힌 국회의원은 그야말로 수십 명에 이르렀다. 그런데 그 의원들은 잠시 관여하기는 해도, 또 그 나름으로 노력은 해 본다 하더라도, 직을 걸면서까지 광독 문제 해결을 위해 애쓰지는 않았다. 그 가운데는 아예 외면하던 국회의원도 있었다.

그러니 쇼조도 광독 문제에서 손을 떼려고 했다면, 얼마든지 할 수 있는 일이었다. 쇼조를 알고 지내던 국회의원들 가운데, 아시오 광독과 같은 한 지방의 '자잘한 일小事'에 관여하느니 좀 더 나라의 '큰일大事'에 힘쓰라는 충고를 하는 이도 있었다. 그러나 쇼조는 국회의원으로서는 단 한 사람, 심지어 국회의원을 그만둔 뒤에도, 또 광독 문제가 야나카 마을 유수지화 문제로 바꿔치기되어서도 그 해결을 위해 힘쓰기를 쉬지 않았다. 왜 그럴까.

어쩌면, 두 가지 까닭을 생각할 수 있겠다.

첫째로는, 쇼조가 지방의 '자잘한 일'인 아시오 구리 광산 광독 문제에서 인류의 생존에 얽힌 본질적이고 보편적인 문제를 찾아냈다는 점이다.

쇼조는 처음에는 광독 피해의 본질을 소유권을 침해하고 공익을 해치는 점에 찾았다. 그러다가 청일전쟁 이후 피해가 커지면서 광독 문제는 '비명의 사자', 즉 '생명'의 문제라는 것을 알게 되

었다. 물질 중심, 과학기술 만능, 이익 지상주의에 바탕을 둔 근대
문명이 당연스레 빚어낸 생명 경시가 본질임을 깨달은 것이다.

하지만 정부는 광독 문제를 근대화 과정에서 반드시 벌어지는
농업과 광업의 충돌로 보았다. 언론도 마찬가지였다. 이러한 인
식에서는 농업과 광업 중 어느 것을 우선할 것인가, 혹은 어떻게
조화를 이룰 것인가, 하는 해결책밖에 나오지 않을 것이다.

다른 하나는 광독 문제를 자기 삶의 방식이나 양심, 자신의 존
재를 따져 묻는 문제로 받아들였기 때문이다. 쇼조는 광독 반대
운동의 지도자 가운데 한 사람인 노구치 하루조野口春蔵 씨에게 보
낸 서한에서 이렇게 말했다.

사람은 평생에 한 번, 큰일 하나를 만나면 족합니다. 다
만 그 밖의 자잘한 일들은 죽고 사는 것을 주관하는 천지께
맡겨도 될 것입니다. 이번 광독 일에는, 적어도 30만 인민의
안위가 얽혀 있고, 또 나라의 기초에 관한 것이므로, 귀하도
소생도 이 일로 생사死生와 흥망興廢, 존망存亡과 운명運命,
명예名譽와 생명生命이 결정되는 데에 섭섭함이 없을 것입
니다. 소생 또한 그것을 굳게 믿습니다.

아마도 쇼조는 자기 삶에서 생애에 한 번 만나는 '큰일 하나'가 아시오 구리 광산 광독 문제라는 것을 깨달은 듯하다. 그래서 이 문제에서 도망쳐 버리면 반드시 후회하겠구나, 생각한 것이다. 쇼조는 진정한 의미로 아시오 광독 문제를 만난 셈이다.

사람은 누구나 평생에 자기 존재의 의미 자체를 따져 묻는 문제와 반드시 맞닥뜨린다. 그 질문과 어떻게 마주하느냐에 따라 그 사람의 가치가 결정된다는 느낌을 어찌할 수 없다.

첫소 미나마타병 사건이 일어났을 때, 이 문제가 훗날 세계사에 이렇게 큰 의미를 지니게 될 줄은 아마 누구도 짐작하지 못했을 것이다. 하지만 미나마타병 환자들, 특히 태아성 환자들을 만나고, 미나마타병 사건을 외면할 수 없다는 '운명' 같은 것을 느낀 이는 많을 것이다. 하라다 마사즈미原田正純 1934-2012 [34] 씨도 그 한

---

34 구마모토대학교 의학부에 몸담고 있으면서 미나마타병 환자들을 오랜 기간 치료하고 연구한 의사이다. 태아성 미나마타병을 발견한 뒤 철저히 환자의 처지에 서서 미나마타병을 연구하고 널리 알렸다. 1994년에는 유엔 환경상인 '글로벌 500 상Global 500 Roll of Honour'을 받았다. 한국에는 《미나마타의 붉은 바다》(오애영 옮김, 우리교육)라는 환경 동화가 번역되어 있다.

사람이다. 아니, 하라다 씨뿐만이 아니다. 도쿄나 요코하마 같은 곳에서 미나마타를 방문한 사람도, 미나마타병과 태아성 환자들을 "만나고 말았기" 때문에, 조금이라도 환자들에게 힘이 되고 싶다며 많은 이들이 미나마타에 눌러살게 된 것이다.

그런 의미에서 미나마타에는 다나카 쇼조와 똑같이 문제를 받아들이고, 다나카 쇼조와 똑같이 살고자 하는 사람이 여럿 있다. 나는 거기에서 미나마타의 가능성을 보고 있다.

일본 망국론을 국회에서 외쳐도, 정부는 돌보지 않고, 의원들도 귀담아듣지 않으며, 열세 해가 흘러 오늘에 이르렀다. 불행하게도 앞서 한 말들은 거울에 비추인 듯 현실이 되고, 이미 망해 가는 나라로 앞서 달러드는 시모쓰케 국, 그 중에서도 맨 앞에 선 야나카 마을에서 도둑이야, 도둑이야 하고 큰소리로 외쳐 본들 믿지 않는다.

…… 슬퍼라, 우리 일본, 바야흐로 망국이 되었구나.

4. 정치사상에서 배운다

때에 즈음한 덕의

도치기 현 현의회 의원 시절 이야기다. 그때 현의회에는 집행부라 할 만한 상설위원회가 설치되어 있었고, 쇼조도 그 한 위원이었다. 1885년 12월 현의회에서 상설위원회의 수당과 일당을 올리고자 하는 법안을 심의하게 되었는데, 쇼조는 증액에 정면으로 반대했다.

이른바 마쓰카타 디플레松方デフレ[35] 정책으로, 민간이 불황에

35　1881년부터 1892년까지 마쓰카타 마사요시松方正義가 추진한 재정 정책이다. 세이난 전쟁 시기에 물가 상승을 불러온 인플레이션을 잡기 위해 쓰이지 않는 지폐를 정리하고 일본은행을 세우는 따위의 대책을 마련했다. 그러나 군비 확장을 위해 세금을 올리고, 대농을 기반으로 한 식산흥업殖産興業 정책을 포기하면서 디플레이션이 극심

시달리던 시기였다. 그런 때에 증액이라니 당치도 않은 일이라고 쇼조는 생각했다. 의원은 자기 급료를 스스로 결정할 권리를 지녔으니 그 권리 행사에 더욱 신중해야 한다, 보다 못해 현민들이 올리라고 한다 해도 가볍게 늘리지 않는 것이 의원으로서 지녀야 할 식견이라는 것이다.

급료를 올리지 않으면 '의원 자격'을 유지할 수 없다는 반론이 나오자, 쇼조는 '의원 자격'은 돈이 많고 적음의 문제가 아니다, 비록 품값이 후하지 않더라도 의원들에게 '덕의심德義心'만 있다면 그것으로 충분하다고 주장했다.

그로부터 14년 가까운 시간이 지나, 제2차 야마가타 내각山縣内閣[36] 때 일이다. 오랜 현안이었던 토지세地租 증세(2.5%에서 3.3%로 올렸다.)가 그때 겨우 이루어졌다. 뒤이어 야마가타 내각은,

---

해져 농민층이 급격히 몰락했다. 지주에게 땅을 팔고 소작농으로 전락하는 농민이 늘면서 기생 지주제가 형성되었고, 일본의 자유 민권 운동은 쇠퇴하게 되었다.

36 야마가타 아리토모山形有朋를 총리로, 1898년에 들어선 관료내각이다. 청일전쟁 이후 조선을 둘러싸고 러시아와 대립이 깊어지는 가운데 군비를 늘리기 위해 토지세 증세 법안을 국회에 제출했다. 이 증세안을 통과시키기 위해 일부 야당의 도움을 받으면서, 국회의원 세비 증액안도 함께 제출했다. 다나카 쇼조는 도치기 현 현의회 의원의 일당과 수당 증액에 반대할 때와 같은 논리로 국회의원 세비 증액에 반대했다. 법안이 통과된 뒤에도 쇼조는 그 세비를 끝까지 거절했다.

의원 세비를 1년에 800엔에서 2천 엔으로 증액하는 법안을 국회에 제출했다. 무려 한꺼번에 2.5배로 올리는 법안이었다.

야마가타 내각에 협조하던 헌정당[37]의 호시 토루星亨 의원은 중의원에서 찬성 연설을 했다. 그는 지금 국회의원 세비는 지방으로 친다면 군수 정도밖에 안 된다, 2천 엔으로 올려도 1년에 66만엔 증액에 불과하고, 국민 한 사람으로 나누면 고작 1천錢 6린厘[38]이라 이만한 돈을 아끼는 국민은 없을 거라고 말했다.

그에 반대하는 연설을 한 이가 다나카 쇼조이다. 원래 쇼조가 소속된 헌정본당은 겉으로는 세비 인상안에 반대했다. 그러나 아무도 반대 연설에 나서는 의원이 없어 쇼조에게 화살이 돌아온 것이다.

불리한 제비를 뽑은 격이 됐지만, 쇼조는 청일전쟁 이후 증세가 잇따랐고 그 때문에 불경기가 계속되고 있는데 의원 세비를

---

37 1898년 국회 개설을 앞두고 1881년에 결성된 자유당과 이듬해 결성된 입헌개진당 계열의 진보당이 연합으로 꾸린 정당이다. 당내 파벌 다툼이 심해 몇 달 뒤 당이 해산되면서, 진보당 계열은 헌정본당으로 다시 떨어져 나왔다. 헌정당이 정부에 협조하는 정치 노선을 지향했다면, 헌정본당은 정부를 비판하는 자세로 임했다. 다나카 쇼조는 헌정본당 소속 의원이었다.

38 이 금액을 물가상승률을 고려해 오늘날 돈으로 환산하면, 3,800배에 이르는 60.8엔쯤 된다. 우리 돈으로 하면 600원 정도이다.

올리는 것은 '뇌물성'이라며 반대를 외쳤다. 또 "이런 사항에 대해서는 오히려 세비를 줄이거나, 혹 폐지까지는 하지 않더라도, 기존 800엔을 대신 품값으로 돌리거나, 체류비로 하겠다는 논의가 나오는 것이, 올해 상황에 대해서, 혹은 어지간히 의원다운 의원이 취해야 할 행동, 정부다운 정부가 취해야 할 행동이라고 생각한다."고 주장했다. 더불어 의원의 자격이나 품위는 세비가 많고 적음에 따라 결정되지 않는다, "의롭지 않은 세비"를 받느니 차라리 "걸식"을 하며 의원 자격과 품위를 떨어트리는 것이 낫겠다고 목소리를 높였다.

표결 결과, 국회의원 세비 증액안은 134대 125로 9표 차로 통과되었다. 하지만 쇼조는 반대 연설을 한 뜻을 지키려고 한 것일까, 의원 세비 전액을 스스로 되돌렸다. 이리하여 쇼조는 의원직을 사퇴하기까지 남은 임기(1899년 4월부터 1901년 10월까지) 중에 세비를 1엔도 받지 않았다. 다나카 쇼조가 '대단한 가난뱅이'라는 것은 온 국민에게 잘 알려진 사실이었다.

이것을 쇼조는 "때에 즈음한 덕의"라고 표현했다. 지금이 어떤 때인지를 똑똑히 판별하고 시의적절한 덕의심을 발휘하는 것이야말로, 인간이 걸어야 할 길이라는 것이다.

다나카 쇼조는 '때에 즈음한 덕의'를 국회의원이 솔선수범하는 것이 의무라고 여겼다. 이러한 쇼조의 생각은, 지금 같은 '국난' 때야말로 실행해야 할 일이 아닐까. 국회의원뿐만 아니라 국민이 낸 세금으로 먹고사는 국가공무원들을 포함해, 모두가 고통을 조금씩 나누는 자세가 '때에 즈음한 덕의'이다. 우선 손쉬운 것부터 시작하라. 정쟁에 정신을 팔고 있을 때가 아니다.

내려다보시는 하늘을 우러르지 않으면

내려다보시는 하늘을 우러르지 않으면 보통 사람은 타락하고, 국민이 감시를 게을리하면 정치인은 도둑질을 한다.

1902년 8월 다나카 쇼조의 말이다. 글자 그대로, 하늘의 감시를 받지 않으면 보통 사람은 금방 타락해 버린다, 국민이 감시를 늦추면 정치인은 반드시 도둑질 같은 나쁜 짓을 한다는 것이다.

도둑질이라고 해도 강도 같은 범죄는 아니다. 예산을 쓰는 일에 끼어들어 부정하게 뇌물을 받는 따위의 이른바 '세금 도둑'일 것이다.

다나카 쇼조가 사직하지 않고 정치가로 남았다면, 언젠가 장관이나 현지사縣知事가 되었을지도 모른다. 제1차 오쿠마 시게노부大隈重信 내각憲政党內閣 헌정당 내각이 들어섰을 때, 현지사로 쇼조를 추천하는 목소리도 나왔다. 가쓰 가이슈勝海舟 1823~1899 [39] 도 자신이 돌아가 천국이나 지옥에서 쇼조를 만나면, 꼭 총리로 임명하겠노라고 했다.

그러나 아시오 구리 광산 광독 문제에 전념하던 쇼조는, 관직을 얻고자 애쓰는 일에는 전혀 관심을 보이지 않았다. "높은 사람이 되기보다는 인민을 높이 받들라. 인민을 높이 받들면, 높은 사람이 되지 않으려고 해도 절로 높아질 것이다."라는 것이다. "두부를 살 때, 시골에서는 물통 아래쪽에 있는 것이 좋고, 윗것은 빨리 상한다."고 말했을 정도로, '부패한' 패거리의 동료가 된다는 것은 딱 질색이라고 여겼다.

1901년 10월에 의원직을 내려놓고 '사회의 장차관長次官'이 되

---

39 에도막부의 가신이다. 난학蘭學(일본 에도시대에 네덜란드에서 들어온 지식을 연구한 학문)과 병학을 배운 뒤 막부의 번역기관에서 일하며 일본인 가운데 처음으로 태평양을 횡단했다. 보신 전쟁 때 막부군을 대표해 에도성을 평화적으로 열었다.

겠다는 각오로 민중 속으로 들어간 뒤, 쇼조는 종종 매섭게 정치를 비판했다. 국회의원으로서 10여 년이나 아시오 구리 광산 광독 문제를 풀고자 애썼는데, 무엇 하나 해결하지 못했다는 회한 때문이었다. 정치에 대한 절망감이 바닥에 깔려 있었던 것이 틀림없다.

그렇기는 해도 쇼조만큼 정치가 중요하다고 여기며, 정치에 대한 희망을 끝까지 버리지 않았던 인물 또한 별로 없다. 그것은 정치의 잘잘못이 민중의 생명과 살림살이, 생업에 직접 영향을 미치기 때문이다. 절망했더라면 비판할 필요도 없을 것이다. 기대가 있었기에 정치 돌아가는 형편이 답답한 나머지, 그만 통렬한 비판이 터져 나오는 것이다.

가령, 1910년에는 "국회의원들과 정부는 거짓말만 일삼아서 도무지 믿을 수가 없다. 오히려 둘 다 도적을 돕기만 하고 있다."고 말했다. 1912년에는 "긴 세월 동안 정치가로 살면서 나쁜 짓을 하지 않는 자는 없다. …… 정치권은 참으로 악한의 소굴이다."라고 했다.

정치인은 내버려 두면 '도적을 돕'는 '나쁜 짓'만 일삼는다, 정치의 세계는 '악한의 소굴'이라는 비판은, 그래서 정말 국민은 정치 감시를 게을리해서는 안 된다, 국민에게는 정치를 감시할 책임이 있다는 생각과 잇닿아 있다.

우리의 대의 민주주의 체제는, 우리가 주권자임을 누구도 보장해 주지 않는다. 자칫하면 나카에 조민中江兆民 1847~1901[40]이 말한 것같이 "4년 동안 단 하루만 자유인" 곧, 투표일에만 주권자가 되기 쉽다. 그러지 않으려면 자신이 한 표를 던진 정치인은 물론이고, 우리가 정치적 결정을 대신하도록 맡기는 정치인 전체를 끊임없이 살피고 단속할 필요가 있다.

이처럼, 대의제가 무력해지지 않도록 하는 열쇠를 국민의 감시 책임에서 찾으려 한 쇼조의 생각은 한결같았다. "무릇 승려를 미워하여 부처를 얕보는 것은 폐단이다. 의원을 미워해 대의제를 깔보는 것은 스스로 손해 보는 짓이다."라고 했다. 아무리 정치인이나 정당을 신뢰할 수 없다고 해도, 정치 그 자체, 대의제 그 자

40　메이지 전기의 정치가이자 사상가. 난학을 배운 뒤 프랑스어를 공부해, 국비 유학생으로 프랑스에서 유학했다. 일본으로 돌아와서는 불학숙佛學塾을 열고 새로운 학문과 사상을 가르쳤다. 〈동양자유신문東洋自由新聞〉 주필로 프랑스식 민권 사상을 퍼뜨리며 메이지 정부의 전제 지배를 공격하는 일에도 앞장섰다. 루소Jean Jacques Rousseau의 《사회계약론》을 번역해 해설을 붙여 펴 내면서 '동양의 루소'로 이름을 떨쳤다. 그러나 자유당으로 정치에 나서 제1회 중의원 의원이 되었다가, 사임한 뒤에는 국민주의 정당에 참여하며 침략주의의 길로 나아갔다.

체마저 부정해 버리면 본전도 못 찾는다, 그것은 대야의 물과 함께 아기까지 흘려보내는 것과 마찬가지다라는 것이다. 예로부터 파시스트나 대중주의자populist는 국민의 그러한 분위기를 틈타 권력을 장악해 왔다.

정치에 대한 국민 즉, 유권자의 감시 책임을 중시한 나머지, 쇼조는 기명투표론을 주장했다. 1895년 3월 6일 중의원 본회의에서 중의원 의원선거법 개정안을 심의할 때의 일이다. 그때까지 중의원 의원 선거 투표는 유권자가 이름을 쓰고 도장을 찍어야 했다. 그것을 무기명투표로 바꾸자는 것이 이때 개정안 취지 중 하나였다.

오늘날이라면 투표를 무기명으로 하는 것은 당연한 일이다. 일본국헌법 제15조 제4항에는 "모든 선거는 투표의 비밀을 침해해서는 안 된다. 선거인은 그 선택을 두고 공적으로든 사적으로든 책임을 지지 아니한다."라고 명시되어 있다. 그런데 쇼조는 기명투표 제도를 유지하자고 요구했다. 왜 그럴까.

그 까닭은 '책임'을 가볍게 하는 것이기 때문이었다. 책임은 그동안 지지 않던 것이라도 새롭게 지워야 한다. 책임을 중시하는 쪽으로 끌고 가야 한다. 한데, 이를 무기명으로 하여 "퇴로"를 만들거나, "비겁하기 짝이 없는" 투표를 하게 하는 법률을 만들어서는 안 된다는 것이다. 투표라는 행동의 '책임을 묻지 않'으면 안 된다는 것이 쇼조의 생각이었다.

이런 생각을 밀고 나간다면, 당연한 일이지만 자신이 투표한 상대 즉, 국회의원의 언행을 제대로 감시하겠다는 발상으로 이어진다. 투표하면 끝이라고 할 수는 없는 것이다.

다나카 쇼조는 입헌정치 아래에서 대의제를 매우 중시하며, 정당내각을 실현하기 위해 꾸준히 애써 왔던 터라, 국민이 정치를 제 일로 여기며 참여할 수 있는 방법을 찾으려 했다. 그 하나가 독특한 기명투표론이었다.

지금 일본은 정치적 무관심층이 압도적 다수를 차지하고 있다. 하지만 다나카 쇼조가 말하는 것처럼, 정치인이 싫다고 정치에서 고개를 돌려 버린다면 결국 자신들이 손해를 입을 뿐이다. 대의민주제를 취하고 있는 한, 우리는 한 표의 권리를 행사하는 것 말고는 정치에 직접 관여할 수 없다. 그리고 투표라는 자신의 행위에 책임을 다하기 위해서는, 한 표를 던진 상대가 국회 안팎에서 어떠한 행동을 하는지 똑똑히 지켜보아야 한다. 국민이 감시를 게을리할 때, 정치가 어떻게 되어 버리는지를 두고, 쇼조는 다음과 같이 말하고 있다.

　　지금 정치가들이 몹시 바쁜 것은 정권 싸움에 취한 자가
많기 때문인데, 또 취해서 현실 문제는 정치가 다루는 일이
아니라는 큰 오해를 하고, 나라 돌아가는 형편에 전혀 아랑
곳하지 않으며, 허망하고 하찮은 논의와 쓸데없는 상상 속
몽상론으로 90일을 허비하고, 올해도 또 착실히 근본에 발
을 붙이는 일은 하지 않으니 이것이 말이 되는가. 예산이라
는 커다란 문제조차 다시 겨우 수정修正.…… 헌법을 향해
근본으로 들어가지 못하고, 더구나 민간의 실정이나, 국민
들의 기쁨과 걱정 사이로는 들어가지 않는다. 둘 다 사실의
근본에 이르지 못하므로 이것이 바로 어중간함이다. 위에
도 붙지 않고 아래에도 붙지 않아서 공중에 매달린 어중간
한 상태와 같다. 입법원이라는 문자는 어떤 글자인가. 입법
이란 위아래의 근원, 천지를 이어 법을 세운다는 뜻이다. 어
중간함으로는 법을 세운다고 할 수 없소이다.

· 1913년 3월 18일

지금 정치인들은 밥그릇 싸움에만 골몰한다. 이 나라가 어떻게 돌아가고 있는가 하는 '현실'에도 무관심해서 헌법도 국민감정도 돌아보지 않고, '근본'을 문제 삼지 않아 허공에 붕 떠 있는 것 같은 어중간한 상태가 되었다. 하찮은 일에 매여 90일간의 회기會期를 헛되이 보내고 있다. 그렇다면 입법부로서 책임을 다하고 있다고 할 수 없다고 쇼조는 말하는 것이다. 어쩐지 오늘날 국회를 풍자하는 것처럼 들리는 것은 나만일까.

그런데도 왜 다나카 쇼조 같은 기골 있는 정치인이 나오지 않는 것일까. 쇼조가 의원을 그만둔 뒤로 110년이 넘게 지나고 있지만, 정치의 세계는 나아진 것이 보이지 않는다. 참으로 한탄스러운 일이다.

동학당은 문명적이다

1894년 청일전쟁이 터진다. 조선의 민중 종교였던 '동학'을 따르는 농민들이 무장봉기하여, 전주를 점령하면서였다.

동학이란 '서학' 즉, 기독교에 맞선 것이다. '사람은 곧 하늘'이라는 인간 존중 사상과 평등사상이 특징이다. 그 동학 농민이 조선 정부 지방 관리들의 '폭정'에 맞서 들고일어난 것이다.

동학의 난을 진압하기 위해 조선 정부가 청나라에 파병을 청했다는 소식이 닿자, 일본 정부는 조선 정부가 요청하지도 않았는데 조선에 군대를 보냈다. 그런데 동학 농민들과 조선 정부 사이에 화약이 이뤄지고, 농민군은 철수를 시작했다. 일본군은 출병의 명분을 잃었지만 물러설 줄 몰랐다. 이런 민중 반란이 일어나는 것도 정치가 제대로 작동하지 않아서라며, 조선 정부에 내정 개혁 요구를 들이밀었다. 답을 언제까지 하라고 기한도 못박았다.

조선 정부는 일본군 철수가 먼저라며 응하지 않았다. 그러자 일본군은 조선 왕궁에 침입해 쿠데타를 일으켰고, 일본 해군은 풍도 앞바다에서 청나라 군함을 포격했다. 이에 철수하던 청나라 군이 되돌아오면서, 청일전쟁이 시작되었다.

이 전쟁을, 당시 지식인과 언론인 대부분이 '문명'대 '야만'의 싸움으로 규정했다. 물론 일본이 '문명'이다. 후쿠자와 유키치福沢諭吉 1834~1901 [41] 같은 사람은, 이 전쟁을 '문명 종교'와 '야만 종교' 사이에 벌어진 '일종의 종교전'에 빗댔다.

다나카 쇼조도 기본적으로는 '문명' 대 '야만'이라는 도식으로 청일전쟁을 바라보았다. 그리고 '어리숙한' 아이 조선을 사나운 '호랑이' 청국이 통째로 삼키려 하니, 이를 돕고자 일본은 "왕자王者의 군"[42]을 벌일 것이라고 생각했다. 거기에는 조선과 중국에 대한 희미한 멸시감도 엿보인다.

하지만 특별히 써 두고 싶은 것은, 동학의 본질을 꿰뚫어 본 다나카 쇼조의 탁월함이다. 쇼조는 "동학당은 문명적이다. 12개 조 군율인 덕의를 지킴이 엄격하다. 인민의 재물을 빼앗지 않고, 부녀자를 욕보이지 않는다. 그 병참 부대의 물자는 군수나 관아에 의지하고, 병력으로 권력을 빼앗아 재물을 취하되 그 밖에 다른

41 메이지 시대의 계몽사상가. 난학과 영학英學을 배웠다. 막부 해외 사절단 수행원으로 미국과 유럽을 순방하며 서양 문명을 깊이 이해했고, 그것을 바탕으로 《서양 사정西洋事情, 1866》을 비롯해 여러 책을 펴냈다. 메이지유신 이후에는 관직에 나아가지 않고, 게이오의숙을 세운다. 계몽사상가 모임인 메이로쿠사明六社에 참여하면서 《학문을 권함学問のすゝめ, 1872-1876》, 《문명론의 개략文明論之槪略, 1875》 같은 책을 통해 독립 정신과 문명 정신을 계속 강조했다. 하지만 그에게 문명이란 바로 근대 서양 문명이라는 문제점이 끊임없이 지적되고 있다. 김옥균, 박영효, 유길준, 윤치호, 서재필과 같은 조선 개화기 지식인들의 스승이기도 하다. 《탈아론脫亞論, 1885》을 발표한 후로는 제국주의적 주장을 강하게 펴기 시작했다.

42 왕자, 곧 왕도로써 나라를 다스리는 사람의 군대라는 뜻이다. 당시 쇼조는 조선을 침략하는 출병이 아니라 청의 침략을 막는 출병으로 보았다.

것을 다스림이 공평하다. 간혹 군율을 어기는 자가 있으면 곧 총살한다."면서, 그 군율이 엄격하고 질서가 바로 선 것을 높이 샀다.

특히 지도자인 전봉준1855~1895을 무척 높이 평가하고 있다.

봉준瑃準의 자는 녹두綠豆이며, 부하는 3천 명이 있다. 동학당 중에 간혹 잔혹하고 포악한 자가 있었으나 모두가 녹두를 공경하여 전대인全大人이라고 부르니, 숨은 동학당의 우두머리이다.(당원은 약 10만 명이다). 녹두는 품행이 바르고 점잖았고, 부하들도 술과 담배를 하지 않았다. 모략이 풍부하지만 공명정대하게 스스로 개혁이라는 업을 맡았다. 한데 녹두는 종교로써 뿌리부터 모든 것을 바꾸고자 뜻을 세웠다. 그러나 조선의 국교는 유교로, 이로써 민심을 내리누르고 있었으므로, 녹두가 쇄신한 종교를 꺼려 반역할 마음이 있다고 몰아 그를 잡으려 하였다. 부하들은 이에 분노해 병사를 일으키지 않을 수 없게 된다. 녹두 한 사람이 병사를 일으키면, 이 한 사람은 당 전체와 관련된지라 동학당 전체가 병사를 일으키기에 이른다. 그런 까닭으로 그 우두머

리들은 모두 함께 일본군 손에 죽었다. 조선 백년대계는 정

신부터 개혁하지 않으면 안 된다. 일본군이 잘 알지 못하여,

이 새싹을 짓밟았다. 아깝도다.

· 1896년 4월

그 무렵 일반적인 동학관은, 후쿠자와 유키치처럼 폭동이나 불순한 무리로 보는 견해였다. 후쿠자와는 '동학란東学の乱'을 "오합烏合의 무장봉기"라 했고, "이른바 농민 봉기의 일종으로 한때의 소동이니 마음에 두기에 족하지 않은 듯하다."고 여겼다.

후쿠자와와 견주면 쇼조의 동학관은 뛰어난 것이었다. 동학을 '문명적'이라고 평가하고, 조선 사회 안에서 자라고 있던 '근본적 개혁'의 '새싹'을 보았다. 게다가 다름 아닌 일본군이 그것을 짓밟아 버린 것을 깊이 슬퍼했다. 이 사료가 청일전쟁이 끝난 뒤 1년 가까이 지났을 무렵의 것임을 줄잡아도, 높이 평가할 수 있을 것이다.

청일전쟁은 청나라와 벌인 전쟁에 그치지 않았다. 대만에서는 식민 지배 시도에 저항하는 민중과 1902년까지 치열하게 싸웠고, 조선에서도 동학 농민과 전투를 벌였다. 동학 농민 희생자는 약 2

만 명에서 5만 명으로 추정되고 있다. 이는 청일전쟁에서 죽은 일본군 사망자 약 1만 2천 명보다 많은 숫자다.

쇼조는 어떻게 그런 평가를 할 수 있었을까. 그 열쇠는 어쩌면 다나카 쇼조의 문명관이 쥐고 있다. 동학을 '문명적'이라고 평가한 까닭은 그 '덕의'에 있었다. 동학 농민군이 엄격한 군율을 잘 따르며, 남의 재산을 빼앗지 않고, 부녀자를 범하지 않고, 더없이 공평했음을 '덕의를 지킨'다고 표현했다. 또한 전봉준을 가늠하는 잣대도 품행이 바르고 점잖았고 공명정대했다는 점과 종교를 통해 조선 사회를 근본적으로 개혁하려 한다는 점에서 찾고 있다.

청일전쟁은 일본인들 사이에 중국인과 조선인을 멸시하는 분위기가 널리 퍼지는 계기가 됐다. 많은 일본인들이 민족적 우월감과 배타적 민족주의에 사로잡혀 있었던 것이다. 그런 가운데 다나카 쇼조가 동학의 본질을 꿰뚫어 보고 지도자인 전봉준에게 깊이 공감할 수 있었던 것은 덕의를 지키는 것, 공명정대한 것이야말로 '문명'이라고 여기고 있었기 때문이다.

근대 일본에게 문명이란 곧 서양 문명이었다. 하지만 물질적 측면보다 정신적 측면에 가치를 둔 다나카 쇼조의 문명관은, 그것과는 방향을 달리하고 있었음을 알 수 있다.

우리 일본이 바야흐로 망국이 되었도다

청일전쟁 이후의 일본에는 아주 극단적인 두 가지 자화상이 존재했다. 하나는 '커 나가는 일본膨張日本'으로, 더욱 더 세력을 키우며 발전해 나가는 일본이라는 상이다. 메이지 정부를 비롯해 국민 대부분이 이렇게 생각했다. 그에 반해 '망해 가는 일본亡国日本'이라고 보는 이가 드물지만 존재했다. 오모토교大本教[43]를 연 데구치 나오出口なお 1836~1918와 함께 다나카 쇼조도 그 대표였다.

아시오 구리 광산 광독 문제를 맞닥뜨린 뒤, 그 얽힌 일들을 풀어 달라고 호소해도 정부는 무거운 허리를 들지 않았다. 피해는 더욱 커졌고 '생명'마저 위기로 내몰리는 가운데, 다나카 쇼조의 마음 속에는 '망국'이라는 상념이 부풀어 올랐다. 특히 1899년 즈음부터 이런 생각이 깊어진다.

피해 주민들의 제4차 대규모 청원 상경이 가와마타 진압으로

---

43 1898년에 시작된 신도계 신종교. 천리교나 금광교는 막부 말기와 메이지유신이라는 사회 변동기에 나왔지만, 오모토교는 이보다 늦게 메이지 국가 체제가 확립된 뒤 시작되었다. 산업혁명으로 인한 사회적 모순이 두드러지는 1906년 이후 본격적으로 퍼졌다. 종말론적 관점에서 정치와 사회를 격렬히 비판하고 민심 개혁을 촉구했다. 만민 평등과 세계 평화를 내세워, 천황제 메이지 정부에게 철저히 탄압받았다.

저지됐다는 소식이 닿자, '망국'이라는 생각은 한꺼번에 폭발한다. 1900년 2월 17일, 쇼조는 중의원에 〈나라가 망해 가고 있는 것을 알지 못하면 이것이 곧 망국'이라는 건에 대한 질문서〉를 제출한 것이다.

> 백성을 죽이는 것은 나라를 죽이는 것이다.
> 법을 소홀히 하는 것은 나라를 소홀히 하는 것이다.
> 모두 스스로 나라를 망치는 것이다.
> 재물을 함부로 다루고 백성을 죽이며 법을 어지럽혀서 망하지 않는 나라가 없다, 이것을 어떻게 보는가.

이를 두고 정부는 질문이 말하고자 하는 바를 알 수 없으니 대답하지 않겠노라고 답변서를 냈다. 정부 처지에서는 산업도 발전하고 철도 건설도 잇따르며 군비도 강화되고 있는데, 어디가 '망국'인가 하는 느낌이었을 것이다. 정부는 쇼조의 질문을 진정으로 이해하지 못했던 것이다.

쇼조가 '망해 가는 나라'라는 생각을 강하게 품게 된 까닭 중 하나가 온전한 문명에 대한 이러한 생각 때문이었다.

그런데 오늘날 일본이, 이렇게 비참하고 끔찍한 상황에 이른 것은 결코 하루아침 일이 아니다. 쇼조라는 사람에게 언론의 자유가 없는 것과 같다. 그러므로 줄여서 말하자면 망국에 이르는 원인은 여러 가지 있겠지만, 국민이 제 땅에서 나는 자연의 혜택과 제 나라의 장점을 버리고, 하나부터 열까지 모두 홀리듯 마음을 붙인 채附加隨心[44] 장점이든 단점이든 모두 서양에 심취하여, 마침내 흙 묻은 구두를 신고 다다미 위로 뛰어든 우스꽝스러운 모습이 화를 부른 격이다. 그러므로, 벌써 하나의 질서는 파괴되었다. 아주 쉽게 다 무너져 버리고, 아직 그 다음 질서는 전혀 잡히지 않는다. 일본의 겉모습은 오늘날 형편에서 보이는 바, 그 속에 깃든 정신은 짐승이나 다름없게 되어 버리고, 지금은 사람의 무리에서 멀어져, 아득히 멀리 떠나 버리는 것이다. 일본의 망국은 자신을 모른 채 그저 남 물고 뜯기를 일삼는 망국이다. 즉, 얼간이가 약자를 집어삼키는 탄서주의呑噬主義[45] 이다.

---

44 쇼조가 만든 말로, 서양의 문물에 심취한 당시 일본인의 심경을 풍자한 것으로 보인다.

45 탄서란 씹어 삼킨다는 말로, 여기서는 다른 나라의 땅을 빼앗으려는 생각이나 그

쇼조는 일본 땅에서 '나는 자연의 혜택과 제 나라의 장점을 버리고' '모두 서양에 심취하'고 있는 점을 나라가 망해 가는 까닭으로 보았다. 그것을 '흙 묻은 구두를 신고 다다미 위에 뛰어든 우스꽝스러운 모습'에 빗대고 있다. 그리고 그것은 '약자'를 통째로 삼켜 버리려는 탐욕을 드러낸 것이기도 했다. 그 결과 근세 이래 '하나의 질서'는 쉽게 무너졌지만 '그 다음 질서'는 아직도 잡히지 않았다고 메이지의 근대화를 논하고 있다.

그 후 일본은, 대만에 이어 1910년 조선도 식민지로 차지하고, 세계의 '대국' '으뜸 가는 나라—等國'라는 기분이 국민들 속에 널리 퍼진다. 그런 분위기 속에서 쇼조는, 조선이 망해 가는 것은 바다 건너 일이어서 잘 보인다, 그러나 일본이 망해 가는 것은 눈에 보이지 않는다, 조선의 '망국'은 미래에 되살아나기 위한 것이고, 위험한 것은 오히려 일본이다, "일본이야말로 실로 사멸하고 있는 내지內地[46]를 되살리는 것이 아주 시급한 일"이라고 강조했다.

러한 짓을 일삼는 일을 이른다.

46 일본 열도를 중심으로 한 원래의 일본 영토를 가리키는 말.

돌아가던 해 2월, 쇼조는 다시 되풀이하고 있다.

지난 33(메이지, 1900)년 1월 일본 망국론을 국회에서 외쳐도, 정부는 돌보지 않고, 의원들도 귀담아듣지 않으며, 열세 해가 흘러 오늘에 이르렀다. 불행하게도 앞서 한 말들은 거울에 비추인 듯 현실이 되고, 이미 망해 가는 나라로 앞서 달려드는 시모쓰케 국, 그 중에서도 맨 앞에 선 야나카 마을에서 도둑이야, 도둑이야 하고 큰소리로 외쳐 본들 믿지 않는다.

…… 슬퍼라, 우리 일본, 바야흐로 망국이 되었구나.

· 1913년 2월 4일

쇼조는 근대화의 빛이 아니라 그림자를 직시했다. 근대화의 희생자가 된 이들을 끊임없이 염려하고, 구하고자 마음 쓰며 살았다. 세상 사람들을 일깨우기 위해 "망해 가는 나라, 망해 가는 나라" 이렇게 계속 외쳐 댄 것이다. 이런 일본이지만 어떻게든 살려 보고 싶다. 쇼조는 그렇게 생각하고, 날마다 노구를 채찍질하며 바삐 뛰어다니기를 멈추지 않았다.

다나카 쇼조야말로 진정한 애국자였다.

인권 또한 법률보다 무겁다

일본인이라면 누구나 배워 온 일본국헌법의 3대 원칙은 말할
나위도 없이, 국민 주권과 기본권 존중, 무엇보다 전쟁 포기(평화
주의)이다. 특히 기본권 존중은, 법률로 얼마든지 인권을 제한할
수 있었던 대일본제국헌법과 견줄 때 큰 차이점이다.

그런데 일본국헌법 아래에서도 인권이 보장되지 않은 사람들
이 있다는 것을 우리는 오랫동안 알아차리지 못했다. 예를 들면
한센병 환자(회복자)들이다.

프로민 같은 약이 개발되면서 2차 대전 이후부터 한센병은 고
칠 수 있는 병이 됐다. 그럼에도 1953년에, 이전 법률에서 한자를
히라가나로만 바꿔치기한 나병예방법을 제정하고, 강제격리 및
평생 수용 정책을 이어 왔다. 당시 요양소 입소자들은 단식투쟁
과 같은 시위를 벌이며 격렬한 반대 운동에 나섰다. 하지만 언론
은 입소자들의 저항을 거의 보도하지 않았다.

1960년에는 세계보건기구WHO가 재택 치료로 충분하다고, 다시 말해 강제격리 정책이 필요 없다고 권고했다. 하지만 일본 정부는 그 권고에도 귀를 기울이지 않고, 1996년에 나병예방법을 폐지할 때까지 강제격리를 계속했다. 한센병 환자가 자손을 남기지 못하도록 하는 단종 및 중절 정책도, 우생보호법이라는 법적 증명에 기대 일본국헌법 아래에서 계속 펴 나갔다. 다음 세대에게 '생명'을 잇는다는 가장 기본적인 인간의 권리마저 빼앗은 것이다.

다나카 쇼조는 대일본제국헌법을 '인민의 권리장전'으로 받아들였다. 여러 제약이 있더라도 아무튼 헌법에 인권 규정이 이뤄졌음을 크게 평가하고, 나머지는 운용하기 나름이라고 봤다. 사람들의 권리를 옹호하기 위해 헌법을 최대한 활용해 나간 것이다.

하지만 야나카 마을 토지 매입에 반대하며, 끝까지 남은 19가구 주민들과 자치를 되살리기 위해 투쟁을 계속하는 가운데, 쇼조는 헌법이 있어도 헌법이 지켜 주지 않는 이들이 존재함을 뼈저리게 느끼게 된다. 그것은 정부와 도치기 현이 남은 주민들을 몰아내기 위해서 잇달아 법률을 적용했기 때문이다.

우선, 1907년 1월 정부는 매입을 받아들이지 않는 주민들의 땅에 토지수용법을 적용시키겠다고 공고했다. 이때 내무대신은 이전에 후루카와광업古河鑛業 부사장을 지낸 하라 다카시原敬 1856~1921[47]였다. 야나카 마을에 남은 주민 가운데 한 사람인 다카다 센지로高田仙次郎 씨는, 토지수용법 적용을 앞두고 정말 공익을 위한 것이라면 자기 땅을 덴노에게 바치겠다고 두 차례나 신청했다. 하지만 정부는 이를 무시하고 강제수용했다. 그리하여 6월 말부터 7월 초에 걸쳐, 둑(제방) 안쪽과 위쪽에 있던 집 16채가 강제로 파괴됐다. 그리고 1908년 7월에는 야나카 땅에 하천법을 적용하겠다고 고시하고, 남은 주민들이 더는 농사를 지을 수 없도록 조치했다. 이른바 '식공食攻'[48]이다.

그래서일까. 1907년부터 1908년 사이에 다나카 쇼조가 쓴 글에는 인권과 법률에 관한 언급이 무척 잦아진다. 쇼조는 이를 "오늘날 법률은 화살과 같다." "법을 위해 인민이 있고, 인민은 과녁과 같다. 법은 화살과 같고, 법은 총알과 같으며, 인민은 날짐승,

---

47 하라 다카시는 1905년 3월 24일 후루카와광업 부사장에 취임했고, 1906년 1월 7일 사이온지 내각西園寺內閣이 성립되면서 내무대신에 올랐다.

48 적이 양식이 부족해 저절로 항복하게 하는 전법.

길짐승과 같다."처럼 표현했다.

또 다음과 같이 말하기도 했다.

당신이 보고 있으면 정부는 나쁜 짓을 하지 않는다. 지켜

보는 힘은 법률보다 강하다. 보지 않으면 법을 사사로이 만

들어 나쁜 짓을 함에 거리낌이 없다.

법률을 위해 사람을 학대해서는 안 된다.

법은 사람을 위해 만들어진 것이기 때문이다.

법률로 사람이 본래 안전하게 생활하고 있던 터전을 빼앗

아, 주린 배를 쥐고 떠돌게 한다면, 사람의 도리를 흩뜨리고

헌법을 파괴함破道破憲이 극심하다.

법률의 원칙은 어떠한가.

· 1909년 7월 14일

쇼조는 또다시 '법률의 원칙'이 무엇인가, 법률은 무엇을 위해
만드는가라는 질문을 하지 않을 수 없었다. 그리고 쇼조는 인간
이 만든 법률을 '인조 법률人造法律'이라고 말하며, 자연의 법칙 즉
'하늘의 법칙天則'과 마주 놓는다. "인조 법률로 모두가 다 이것에

굴종하게 되면 즉 법률은 없느니만 못하게 된다." "인권 또한 법률보다 무겁다. 인권은 법률이 아니라 하늘의 법칙을 따른다."라고.

하천법을 적용해도 "물은 법률로써 제압할 수 없다". 물이 따르는 것은 '하늘의 법칙'일 뿐이라고, 인간보다 도리어 물이나 새, 짐승이 '하늘의 법칙'을 지키고 있다고까지 말한다. 그리고 일찍이 사람들의 권리를 지키기 위해 활용한 대일본제국헌법까지도, '하늘의 법칙' '우주적 천칙'을 따르도록 바꾸자고 주장하게 되는 것이다.

토지수용법이 적용되자 쇼조는 다음과 같이 말한다.

> 이의를 제기함으로써 훗날의 권리(즉 인권법권)를 잃지 않는 것이라면, 수용의 부당성이나 그 시세 매입가買收價의 부당성, 거기에 토지수용을 밀어붙여 인권을 무가치하게 돌아가게 한 것 따위에 대해서, 인권에서부터 논리를 세워서 현행 법률이 져야 할 책임을 바로잡고 싶습니다.
>
> · 1907년 3월 30일

지금 이 나라에는 인권 즉, 생존을 위협받는 사람들이 숱하다. 고이즈미小泉 · 타케나카竹中 개혁 노선으로 신자유주의적 구조 개혁이 강행되고, 빈부 격차가 커지면서 헌법 제25조에 규정된 생존권마저 보장되지 않는 이들이 많이 생겨났다. 쇼조가 말하는, 그 존재 자체가 '무가치로 돌아가게 된' 사람들이다. 또, 매년 3만 명이 넘는 자살자도 나왔다.

이러한 많은 이들이 살아갈 권리(존재할 권리)를 지켜 나가려면, '인권에서부터 논리를 세워서 현행 법률이 져야 할 책임을 바로잡'을 필요가 있다. 그 책임은 일차로는 국회의원들에게 있다. 그러나 우리도 국회에만 맡겨 둘 것이 아니라, '훗날의 권리를 잃지 않'기 위해서라도, 날마다 '이의를 제기해' 나갈 필요가 있을 것이다. 그것이 민주주의의 출발점이다.

자치, 날 때부터 지닌 기득권

다나카 쇼조만큼 평생에 걸쳐 마을 자치를 강조한 사람은 드물 것이다.

그 출발은 막부 말기 고나카 마을의 '마을의 작은 정치'였다. 앞서 쓴 것처럼, 고나카 마을은 '나누시 공선제名主公選制'를 실시했다. 18세기 중엽에서 후기에 걸친 시기에, 벌써 나누시 공선제가 시작된 것 같다. '이레후다入札'라고 불리던 선거로 나누시를 뽑아 온 것은 고나카 마을뿐만이 아니다. 일본 근세사 연구는 이러한 사례를 많이 찾아냈고, 무엇보다 막부 말기까지 나누시와 같은 정치적 중간층이 쌓은 자치 능력을 높이 평가하고 있다.

특히 고나카 마을과 같은 '아이큐相給' 마을에서는, 나누시의 역량에 따라 영주의 정치나 재정이 크게 달라졌다. 아이큐란, 마을 하나를 여러 영주가 나누어 통치하는 것을 이른다. 고나카 마을은 다나카 쇼조의 영주인 롯카쿠가령六角家領과 사노가령佐野家領, 그리고 조렌지령浄蓮寺領 셋으로 나뉘어 있었다. 하타모토旗本[49] 롯카쿠가는 영지 자체가 시모쓰케 국과 무사시 국武蔵国으로 분산돼 있었기 때문에, 아무래도 나누시를 중심으로 한 농민들의 협조가 없이는 제대로 지배할 수 없었다. 그 때문에 연공年貢[50] 납입 제도

---

49 에도시대 도쿠가와 쇼군의 직속 가신단 가운데, 쇼군을 만날 수 있는 자격을 지닌 자를 이르던 말. 500석 이상, 1만 석 미만의 녹봉을 받았다.

50 해마다 농민관 같은 이들이 그 지역 영주에게 바치던 조세 성격의 공물로, 주로 쌀

또한 나누시가 연공을 쌀로 거둔 다음 시세를 보아 가며 쌀을 팔아 치우고, 영주에게는 그 돈을 연공으로 바치는金納 것이 보통이었다. 그래서 나누시는 장사꾼다운 재주도 필요했다.

쇼조는 '마을의 작은 정치'에서 길러진 농민들의 이러한 자치 능력을 매우 높이 샀다. 그래서 1888년 시제정촌제市制町村制[51]가 공포되고, 본격적으로 지방자치가 시작될 때도 쇼조는 자치의 장래를 전혀 걱정하지 않았다. 인민이 지닌 "자치의 기상気象"에 신뢰를 두고 있었던 것이다.

그런데 아시오 광독 사건이 피해 지역의 마을 자치를 차츰 무너뜨렸다. "무릇 사람으로서 생명의 문제, 생사가 걸린 문제에 마음을 기울이지 않으면 개, 말이나 같다."고 강조한 것처럼, 쇼조는 "광독 문제는 마을에서 가장 중요한 공적인 일"이라고 여겼다. 광독 피해로부터 마을 주민들의 토지와 생명, 생활, 생업, 권리,

---

로 내야 했다.

51   1887년에 실시된 지방자치에 관한 기본법. 시제와 정촌제가 함께 실시되었기 때문에 시제정촌제라고 했다. 메이지유신이 끝난 뒤 처음으로 주민자치를 규정한 법률이었으나, 주민자치를 주민의 권리가 아니라 국가에 대한 의무로 간주했다. 뿐만 아니라 자산가가 우월한 지위를 차지하는 것을 당연하게 여기는 정촌 운용 체제를 확립한 법적 근거가 되었다.

재산을 지키기 위해 자치가 존재하는 것이다.

하지만 광독 피해로 자치할 힘을 잃은 마을도, 징병검사나 국세 징수처럼 나라가 떠맡긴 사무의 부담을 가차 없이 져야 했다. 그 결과, 광독으로 살해된 이가 몇인지 조사하려고 마을 사무소에 가더라도, 이런 사무에 쫓기던 관리들은 "정신없이 바쁘다."며 아무도 도우려 하지 않았다. 지역 주민의 생명을 지키려 하지 않고 군청이 시키는 '남의 일'에만 매달렸다. 쇼조는 이런 마을 사무소를 두고 "제 자식의 살점을 베어 이웃집 개한테 먹이는 것이나 마찬가지"라고 표현했다. "자치는 자치 안에서 자유와 안전을 얻는다. 결코 마음에도 없이 타인을 위해 고역을 치르는 것이 아니다."고 했다.

인민들도 '자치의 기상'을 잃고, 마을 사무소도 국가가 맡긴 일만으로도 너무 분주하다. 이러한 메이지 후기 지방자치의 현실 앞에서, 쇼조는 '자치의 사멸'을 사무치게 깨닫지 않을 수 없었다.

그리고 국가 권력이 야나카 마을 자치를 폭력에 기대어 파괴하는 상황을 맞아, 쇼조는 마을 자치는 절대 불가침의 대상임을 강조했다.

나라를 세우고 예로부터 살아 온 지금의 마을은 하늘이 내려 주어 태어날 때부터 얻게 되는 권리이다. 이 권리는 이미 일군 고향 땅에서 비롯한 것이므로, 최근에 사람이 만든, 오늘날 인간이 정한 법률로 얻는 권리와 같지 않다. 신이 만들어 내려 주신, 더 없이 높고 큰 권리이다. 곧 지금의 나라다. 이것을 파괴하는 것은 나라를 망치는 것이다.

· 1912년 1월 20일

지금의 마을은 '예로부터' 이어진 '권리'이며, 근래에 만들어진 법률이 준 것이 아니다. 마을이 스스로 소유하는 '더없이 높고 큰 기득권'이다. 그래서 "마을은 마을 자치권을 공공의 무거운 권리로 삼는다. 누구든 이를 침범하는 것을 허용하지 않는다". 다시 말해, 국가라고 할지라도 마을 자치권에 개입하는 것은 용납되지 않는 것이다.

그리고 쇼조는 "끝까지 스스로 하는 정신"을 마을에 남은 주민들에게 설명하고, 의타심을 버리고 자립해야 한다고 강조한다. 자립심과 자율성이 풍부한 사람들이 중심이 되어, 우선 제힘으로 할 수 있는 데까지 지역사회를 지킨다. 자신의 힘으로 할 수 없는 일은 행정의 힘을 빌려서 한다. 단, 정부는 경제적으로 지원할 뿐 지방자치에 개입해서는 안 된다. 그러한 지역 자치의 진면목을 쇼조는 이상으로 삼았다.

지금도 지역 주권, 지방분권이 중요한 정치 과제가 된 지 오래다. 이 문제를 생각할 때 "마을 자치 외에 일본을 지키는 것은 없다." "마을 사람들의 의견은 곧 마을의 안위를 결정하는 최고 권력이다."라고 하는 쇼조의 말이, 빛을 품고 되살아나는 것이다.

학생이란 군비를 없애자고 앞장서 외치는 자여야 한다

다나카 쇼조는 청년이나 학생들에게 큰 기대를 품고 있었다. 아시오 광독 반대 운동을 하면서는 청년행동대 같은 것도 꾸렸다.

그 까닭을 쇼조는 다음과 같이 들고 있다.

마을이나 그 일부분에 머무는 운동은 청년에게 걸맞는 것

이 아니다. 청년이 아니면 새로운 교육이 없다. 새로운 교육

이 없이는 새로운 사상이 없다. 새로운 사상이 없으면 오늘

날 새로운 세계에는 맞지 않는다. 청년은 또한 새로운 사상

이 있더라도, 실물에 맞춰 연구하지 않으면 빛을 발할 수 없

다. 사람은 어려서 배우더라도 늙어서 후회하는 자는, 연구

를 꾸준히 하느냐 마느냐에 달려 있을 따름이다. 어려서부

터 배우고, 커서 연구하면 늙어서 후회하는 일이 적을 것이

다. 청년들이 만약 얼마쯤 가르침을 받는다 해도, 이것을 타

산지석으로 삼아 연구하는 뜻이 없다면 이것은 어쩌면 썩어

빠진 학문이다. 오히려 자신을 해치고, 나라를 해치고, 사

람을 해치는 일이 많다. 만약 지식도 재주도 없고 어리석어,

사람도 나라도 해치지 않는다 하더라도, 이 패거리는 오히

려 학문 때문에 그 무거운 짐을 짊어지고, 전혀 움직일 수도

없는 쓸모없는 사람에 그친다. 이를 밖에서 볼 때는 참으로

딱한 모양이 아니랴.

· 1897년 8월 6일

'실물에 대고 연구하지 않으면', '새로운 교육'을 받고 '새로운

사상'을 지닌 청년이라 해도 '썩어 빠진 학문'에 그치고 만다. 학문

을 위한 학문을 해서는, 많은 지식을 쌓아 올린다 해도 그 지식의 무게 때문에 몸을 움직일 수 없게 되고, 사람을 위해 아무 일도 할 수 없는 '쓸모없는 사람'에 그치고 만다. 그렇다면 무엇을 위한 학문인가, 하는 것이다.

학문은 '실학'을 배워야 하고, '인민을 돕는 학문'이어야 한다. 그렇게 쇼조는 강조했다.

쇼조가 청년이나 학생들에게 얼마나 기대했는지는 그의 외교론에서도 볼 수 있다.

쇼조는 러일전쟁 전인 1903년에는 비전론非戰論을 폈다. 하지만 전쟁 중에는 무전론無戰論을 펴며 군비를 모두 없애야 한다고 주장하게 됐다.[52] 이를테면 "소생의 주의는 무전론으로, 세계가 모두 해·육군을 없애기를 바라고 또 기도하는 것입니다. 다만 인류는 평화에 관한 전쟁이야말로 늘 온 힘을 다해 임해야 온당할 것"이라고 말이다.

---

52 다나카 쇼조를 비롯한 이 시기 일본의 몇몇 지식인들은 비전론과 무전론 두 용어를 구별해서 썼다. 비전론은 '이 전쟁은 옳지 않다.'는 주장으로, 러일전쟁을 반대하는 좁고 소극적인 의미로 쓰인 것으로 보인다. 그런데 오늘날에는 일본도 한국도 '전쟁을 반대하는 의견이나 이론'을 이르는 말로, 두 단어를 구별 없이 사용하고 있다. 일본에서는 비전론이 더 널리 쓰인다.

군사비 20억 엔을 모두 없애면, 5인 가족 평균 125엔이 된다. 이는 당시에 모든 가구가 10년 동안 세금을 내지 않아도 되는 금액이다. 군비를 다 없애는 대신, 외교비를 지금보다 30배, 300배로 늘리고, 일본이 세계 평화를 여는 중심이 되기를 바란 것이다. 그 일을 맡아 주었으면 하고 쇼조가 기대한 것이, 일본의 학생들이었다.

쇼조는 일본의 학생들을 전 세계에 보내 군비 전폐와 세계 평화를 전파하는 이로 삼고자 했다. 일본의 장래를 짊어지고 나선 학생들에게 세계 평화의 실현을 맡기려고 한 것이다.

오늘날 일본의 학생들은 다나카 쇼조의 이런 구상을 어떻게 생각할까.

역시 소국은 소국이다

메이지유신 이후, 소국 일본은 '부국강병'이라는 구호를 앞세워 '군사 대국'화의 길을 달려왔다. 러일전쟁에서 승리한 무렵부터 일등국 의식이 국민들 사이에 널리 퍼지기 시작하더니, 이윽고 "세계 5대국 가운데 하나"라고 큰소리치게 되었다. 이러한 군사 대국화 노선이 도달한 곳이 아시아 · 태평양 전쟁 패전이었던 것은, 다시 말할 필요도 없다.

2차 대전 이후 일본은 다시 소국으로 돌아왔다. 그리고 크게 변해, 전쟁 포기를 헌법에 못박고 군사력에 기대지 않는 나라를 만들고자 했다. 그 결과 고도 경제성장을 거쳐 1970년대에는, '경제 대국'이라는 인식이 폭넓게 자리 잡기에 이르렀다. 1990년대에는 경제 대국임을 자명한 전제로 한 '정치 대국'론이나, '건강 대국'론, 심지어 '생활 대국'론까지 튀어나왔다. 2010년 중국에게 국내총생산GDP을 앞지르기당해 세계 3위가 되면서 일본 사람들의 자신감이 조금 흔들리기는 했지만, 그래도 경제 대국임에는 틀림이 없다.

일찍이 '큰 것은 좋은 것이다.'라는 초콜릿 광고가 인기를 끈 적이 있다. 아무래도 일본인만큼 '대국'을 좋아하는 민족은 별로 없지 않을까 싶다. 그것이 어떤 것이든, 대국이라는 것 자체를 좋게 보는 가치관에 사로잡혀, 어떤 일이 있어도 대국이 되지 않으면 이 나라를 꾸려 갈 수 없다고 하는 강박관념에 충동질당해 왔다고 말할 수 있을 것이다. '대국'을 목표로 거기에만 매달려 치달아

온 일본인은, 근대 문명을 지탱한 '진보' 이데올로기의 우등생이었다.

지금에 와서 돌이켜 보면, 이러한 역사를 가진 근대 일본에서 소국주의 사상이 일관되게 존재해 온 것을 주목할 필요가 있을 것이다. 매우 가느다란 흐름이기는 하지만, 대국화를 부정하고 오히려 적극적으로 '소국'으로서 자립을 목표로 삼아야 한다는 사상이다.

소국주의란 스위스, 네덜란드, 덴마크와 같은 유럽의 작은 나라들이 그 본보기이다. 국가의 우열을 군사력이 아니라, 국민 생활의 풍요로움이나 교육의 보급, 민주주의의 철저함, 충실한 사회보장제도, 지방분권 실현, 그리고 중립 평화 정책과 같은 잣대로 가리고자 하는 사상이다. 그 계보는 막부 말기까지 더듬어 갈 수 있다. 메이지 이후 손꼽을 만한 주창자로 자유 민권 사상가 나카에 조민, 국수주의자 미야케 세쓰레이三宅雪嶺 1860~1945 [53], 사회주의자인 고토쿠 슈스이와 아베 이소安部磯雄 1865~1949 [54], 기독교

---

53 메이지 중기 이후의 평론가. 전제정치를 펴면서 서구를 모방하고자 애쓰는 정부를 비판하며 국수주의를 주창했다.

54 사회주의자. 학자이자 정치가. 후쿠오카 무사 집안에서 태어났다. 도시샤영어학

사상가 우치무라 간조內村鑑三 1861~1930[55], 그리고 〈동양경제신보
東洋経済新報〉 주필 미우라 데쓰타로三浦銕太郎 1874~1972[56]와 이시바
시 단잔石橋湛山 1884~1973[57] 같은 이들을 들 수 있다.

교(오늘날 도시샤대학교)를 졸업한 뒤 미국에 유학을 가 공부하면서 기독교 사회주의
자가 되었다. 영국과 독일에서도 공부했다. 1895년 귀국하면서 모교 교수가 되었고
1899년에는 와세다대학교의 전신인 도쿄전문학교로 자리를 옮긴다. 같은 해, 고토쿠
슈스이, 가타야마 센片山潛 같은 이들과 사회주의연구회를 열었고, 1901년 사회민주
당 결성에도 참여했다. 1928년 제16회 중의원 총선거에 사회민중당 후보로 나서 당선
된 뒤, 내리 5선을 하며 정치인의 길을 걷는다.

55 일본의 개신교 사상가. 1884년 미국으로 건너가 신학을 공부했지만, 성직을 특권
으로 여겨 성직자의 길로는 들어서지 않았다. 1888년 일본으로 돌아와 도쿄고등사범
학교(오늘날 쓰쿠바대학교)에서 교편을 잡았는데, 교육칙어 봉독식 때 예를 다하지 않
았다며 불경사건에 휘말려 해직당했다. 1897년부터 〈요로즈초호萬朝報〉 영문판 주
필로 일하며 아시오 광독 반대 운동에도 힘을 쏟았다. 1901년에는 광독조사유지회 위
원으로 광독 피해 지역을 돌아보았는데, 이때 다나카 쇼조를 만나 친교를 나누게 되었
다. 러일전쟁을 앞두고는 비전론을 외치면서, 주전론을 펴는 〈요로즈초호〉를 나왔다.
이후부터는 사회운동보다는 성서 중심의 복음주의자로서 연구와 선교에 더욱 힘을 쏟
는다. 함석헌과 김교신 같은 조선인 유학생들도 우치무라 간조에게 큰 영향을 받았다.

56 다이쇼大正 시대부터 활약한 언론인이자 평론가. 시즈오카 현에서 태어나 도쿄
전문학교를 졸업했다. 1910년 〈동양시론東洋時論〉을 창간해 이듬해 3월호에 '제국주
의의 어두운 그림자帝國主義の暗影'를 발표한다. 1912년에는 〈동양경제신보〉에 〈동
양시론〉을 합병했다. 1913년에는 '만주 포기인가 군비 확장인가滿洲放棄か軍備拡張
か' '대일본주의냐 소일본주의냐大日本主義か小日本主義か' 같은 논설을 잇달아 발표
하며 제국주의를 비판했다.

57 쇼와 시대 언론인이자 경제 평론가, 정치가. 도쿄에서 태어났다. 1907년 와세다대
학교 철학과를 졸업한 뒤 〈동양경제신보〉에 입사해, 정계에 발을 들일 때까지 35년 동
안 일했다. 이시바시 단잔은 제국주의를 비판하며 소일본주의를 주장했던 미우라 데

예를 들어 나카에 조민은 '부국'과 '강병'이 나란히 설 수 없음을 지적했다. 그러면서 일본은 아시아의 소국으로서 군사력에 의지하지 말아야 한다, 군비는 스위스처럼 민병제도를 받아들여 군사비 부담을 줄이고, 민생을 안정시켜 산업을 육성해 '부국'이 될 수 있도록 해야 한다고 논하고 있다.

또한 우치무라 간조는 덴마크를 예로 들었다. 가장 풍요로웠던 두 개 주를 이웃 나라 프로이센에 빼앗겼음에도, 덴마크는 밖으로 영토를 확장하지 않고 안으로 광야를 개발했다. 이로써 '하늘이 내린 무한한 생산력'을 살린 목축업을 중심으로 풍요로운 나라가 되었음을 높이 평가하고 있다.

미우라 데추타로나 이시바시 단잔이 식민지 포기를 외치며, '소일본주의'를 부르짖은 것은 유명하다.

다나카 쇼조도 이런 소국주의 계보 속에 자리매김할 수 있다. 다나카 쇼조는 러일전쟁이 한창일 때 스위스를 자주 언급했다.

쓰타로의 논의를 더욱 발전시켜 나갔다. 국민주권론에 바탕을 둔 의회민주주의를 지지했고, 시민의 기본권을 존중하고자 애썼다. 2차 대전이 끝난 뒤 정치 일선에 나서서 대장대신(재정을 맡는 장관)·통상산업대신 등을 지냈고, 1956년 이시바시 내각을 세웠지만 두 달만에 병으로 쓰러져 자리에서 물러났다. 이후 평화주의자로서 탈냉전을 여는 '일중미소 평화 동맹'을 실현하기 위해 죽을 때까지 힘썼다.

예를 들어 "비록 싸움에서 이긴다 해도 덕에서 뛰어나지 않으면, 곧 실패다. 스위스는 싸우지 않아도 모든 사회를 이겨 의기양양하고 있지 않은가."라든지, "싸우지 않고 이겨 의기양양한 스위스를 찾아가 보라, 일본 민족이여." 하는 것처럼 말이다. 러일전쟁이 끝난 뒤에는 "역시 소국은 소국이다."라며, "대국민처럼 굴지 말라."고 국민의 방심을 경계했다. 그리고 전쟁을 부정하며, 러일전쟁에서 승리한 일본이 앞장서서 군비를 없애고, 세계 평화를 실현하기 위해 노력해야 한다고 외쳤다.

쇼조는 이렇게 말한다. "사람 하나를 구하면, 그 사랑이 온 세계에 미친다. 만주를 얻고 흡족해하는 자의 마음이 잘아서, 그 하는 짓이 천하기가 불쌍히 여기기에 족하다."라고.

나중에 일본이 만주 문제를 둘러싸고 수렁으로 빠져드는 것을 내다본 듯한 문장이다.

우리는 이제 대국을 우러르며, 대국을 좇는 일을 단호히 포기하자. 분에 맞는 소국이라면 족하다. 올림픽 메달 수를 다투지 않아도 좋다. 세계 정치의 주도권을 거머쥐지 않아도 된다. 유엔 안보리 상임이사국 따위를 노리지 않아도 상관없다. 경제 대국이라고 찬사를 받지 않아도 괜찮다. 그저 다른 나라를 방해하지 않고,

다른 나라에 폐를 끼치지 않는, 그런 깊고 그윽한 몸가짐의 나라
가 되었으면 한다.

아아, 인민은 어리석어도 정직하고, 항상 앞뒤를 따지며 백

년대계를 세운다. 그런데 이에 반하여 오늘날 관리들은, 특

히 상급 관리들은 백년대계커녕 일 년 계획도 없이 그저 짧

은 한때에 몰두하는 욕심보들뿐이다. 그날그날 자리의 안

전을 꾀할 뿐이다. 그러므로 늘 임시변통이다.

인민은 인민의 경험을 믿고 한 걸음도 물러서지 말라.

5. 야나카학에서 배운다

음식은 차고 넘치되 굶어 죽는 이가 많다

서양 근대 문명이 절대적인 시대를 살면서, 다나카 쇼조만큼 통렬하게 근대 문명을 비판한 인물은 거의 없다.

그러나 쇼조도 처음부터 그랬던 것은 아니다. 모리오카 감옥에서 나와 고향 가까이 돌아온 뒤로 쇼조는 〈도치기신문〉에 글을 쓰며 자유 민권 운동에 힘썼다. 그리고 현의회 의원에 이어 국회 의원에 당선되어 더 큰 정치의 길로 나아갔다. 이 무렵에는 단정하기는 어렵지만, 그 역시 근대 문명을 좇는 이였다고 해도 좋을 것이다. 스스로도 "문명에 연연"하고 있었다고 돌이킨다. 쇼조가 문명을 비판적으로 바라보게 된 것은 아시오 구리 광산 광독 사건을 만났기 때문이다. 그리고 '망국'이라는 생각이 깊어지는 만큼, 문명 비판도 거세져 갔다.

러일전쟁 이후 일본은 도시로 인구가 집중되며 급속히 발전했다. 농촌은 피폐해진 반면, 도시는 근대 문명의 상품진열창 노릇을 충실히 해 나갔다. 그러한 상황을 앞에 두고, 쇼조는 기계문명·물질문명·도시 문명을 더욱 강하게 비판하게 된다.

쇼조에게 도시의 번영은 "실속 없이 겉만 번듯하여 헛되고 헛될 뿐"이었다. 그리고 "세계 인류는 상당수가 지금 기계문명이라고 하는 것에 엇끼어 죽는다." "전기가 들어와 세상이 어두운 밤이 되었다."고 했다. 문명의 발전이 반드시 인간에게 밝은 미래는 아니라는 것, 반대로 인간이 기계에 매여 '엇끼어 죽'어 있는 듯한 상황을 날카롭게 비판하고 있다. 채플린Charles Chaplin 1889~1977의 영화를 생각나게 하는 비판이다.

그러나 쇼조가 문명이 발전하는 것 자체를 못마땅히 여긴 것은 아니다. 쇼조가 중시한 것은 기계문명이 발전하는 만큼 '도덕적 이상德想'도 발전해 나가는 것이었다. "기계가 나오는 바람에 그로 인해 죽는다. 철도, 전신, 전화, 무선 전화, 가스, 전등, 비행기 그 밖에 크고 작은 기계를 발명해 진보를 이루는 만큼 도덕적

이상도 진보하면 된다."고 여겼다. '인의' '도덕' '애국' '동인同仁' ⁵⁸
'인도' '신앙'처럼, 쇼조가 선善이라고 여기던 윤리적 가치나 이상
이 반드시 함께 진보해 나가야 한다고 보았다. 그리고 문명이 진
보할수록 사람은 더욱 겸허해져야 한다며 인간의 교만을 경계했
다.

그런데 쇼조의 눈에 비친 현실은 야비한 모습이었다. 사람들
은 '돈'이나 '물건'에 지배당했다. 젊은이들도 입신출세열에 들떠,
어떠한 수단을 쓰더라도 '성공'한 사람이 이긴다는 생각에 사로잡
혔다. 당시 일본은 뇌물과 부정이 횡행하고, 돈의 위력에 맥을 못
추는 썩어 빠진 사회였다. 이러한 현실에 대한 비판을 집약한 표
현이, "음식만이 족하나 사람이 굶주린다. 음식은 차고 넘치되 굶
어 죽는 이가 많다."라는 것이다.

인도의 마더 테레사Mother Teresa 1910~1997 수녀는 1980년대 초
에 일본을 세 차례 방문했다. 그때 테레사 수녀는 일견 풍족해 보
이는 일본 사회에서 '마음의 굶주림'이나 '마음의 가난'을 발견했
다. 그와 똑같은 시각을 일찍부터 쇼조도 지니고 있었던 것을 확

---

58 차별 없이 널리 평등하게 사랑하는 일.

인할 수 있다.

소조는 쾌적함, 편리함을 좇기 바쁜 근대 문명·도시 문명에, "두붓집 20리"[59]의 불편한 농촌 생활을 마주 놓았다. 그리고 그 불편함이야말로 이상을 발전시키는 것이라고 힘주어 말했다.

'두붓집 20리'란 이런 생각에서 나왔다. 그 무렵 일본 농민들은 대부분 근대 문명의 상징인 철도나 전화와 인연이 먼 삶을 살고 있었다. "주막 3리 두붓집 2리"의 생활 그대로이다. 농민들의 생활은 정말 딱했다. 두부 가게에 가려면 2리를 걸어야 해서 두 시간이 걸렸다. 그런데 기차로는 두 시간에 20리도 가던 때였다. 이 비율로 따지면 두부 가게는 20리나 떨어져 있는 셈이다. 철도나 전화를 사용하는 관리의 20리는 2리가 되고 농민의 2리는 20리가 되는 것이니, 두부 가게까지 20리도 가야 하는 셈이라고.

야나카에서 지내는 것은 편리함이나 쾌적함과는 거리가 멀었다. 이 경험은 "불편이 오히려 이상을 키우는 바탕"이라는 확신을 낳았다.

오늘날 우리는 얼마나 편리함 위에 안주하고 있는 것인가. 24

---

59 일본에서 1리里는 3,927킬로미터이다.

시간 언제 가더라도 열려 있는 편의점이 있고, 새해 첫날부터 문을 여는 백화점이 있다. 목이 마르면 자동판매기에 동전을 넣는 것만으로 언제 어디서나 음료수가 손에 들어온다. 30년쯤 전에는 가게가 문을 여는 시간에 우리 생활 방식을 맞추는 것이 당연했지만, 요즘은 영업 시간을 신경 쓸 필요도 없다. 과연 이렇게 편리한 삶을 누리고 있어도 좋을까. 그게 정말 필요한 것일까? 편리함의 그늘에서 잃어버린 소중한 것은 없을까.

전화도 마찬가지이다. 휴대전화가 보급되면서 우리는 언제 어디서나 전화를 걸 수 있게 됐다. 재일조선인을 다룬 영화 〈달은 어디에 떠 있는가〉 한 장면에, 휴대전화로 얘기를 주고받던 두 사람이 길을 걷다가 딱 마주치는 인상 깊은 장면이 있다. 주위를 둘러보면, 휴대전화를 들고 "지금 어디야?" "지금 어디야?" 하고 상대방이 있는 곳을 묻는 사람들이 많다. 솔직히 말해 소용없는 짓이다.

아니, 전화만이 아니다. 문자메시지도 그렇다. 거리를 걷고 있으면, 전철이나 버스를 기다리며 휴대전화를 바라보고 있는 이들뿐이다. 걷고 있어도, 자전거나 자동차를 타고 있어도 마찬가지다. 위험하기 짝이 없다. 무엇을 위해, 아니 뭐가 필요해서 사람들은 그렇게 하는 것일까. 그만큼 서둘러 확인해야 할 문자메시지나 정보일까. 휴대전화의 장점을 부인하는 것은 아니지만, 마치 휴대전화에 인간이 쓰이고 있는 듯한 느낌이 들 정도다.

편리한 도구를 손에 넣으면 우리는 무심코 거기에 의지하기가 쉽다. 그렇지만 때로는 멈춰 서서 이게 정말로 필요한 것일까 묻는 시간도 필요할 것이다. '불편이 오히려 이상을 키우는 바탕'이라던 다나카 쇼조의 말은, 우리가 사는 현실을 진지하게 다시 살펴보도록 일깨운다.

인민을 돕는 학문은 어디에 있는가

다나카 쇼조는 제국대학을 중심으로 한 아카데미즘academism을 호되게 꾸짖었다. 또, 학자처럼 전문가를 자처하는 이들을 철저하게 비판했다. 근대 일본의 '지식知'이라는 것이 처한 실정에 의문을 던지고 있었던 것이다.

도대체 일본 땅에서 한 번이라도 민중의 '지혜知'가 정당하게 평가받은 적이 있을까. 지혜로운 이들로 농민이나 어민, 아이누

족アイヌ民族[60] 혹은 한센병 환자였던 이들이 입에 오른 적이 있을까.

말할 나위도 없이 지혜란 아카데미즘이 독점하는 무엇이 아니다. 생활에 뿌리내리고, 사회운동 속에서 길어 올린 지혜야말로, 이 지구상에서 생명과 살림을 이어 나가기 위해 정말로 필요한 것이다.

쇼조의 생애는 마을 나누시로 선출된 뒤부터는 사회운동의 연속이었다. 나는 다나카 쇼조만큼 뛰어난 사상가는 없다고 여긴다. 하지만 많은 이들이 사회운동가로 쇼조를 바라본다. 그런데 사회운동에 분주한 생활 속에서는, 여유 있게 책을 펼칠 시간을 낼 수 있을 리가 없었다. 책커녕 신문 볼 겨를조차 마음대로 되지 않는다고 자조하듯 말할 정도였다.

그런 쇼조에게는 곧 사회운동이야말로 학문이었다. 사회운동에 힘쓰며 그 길 위에서 만난 이들에게서 자연스레 배우는 것이다. 그래서 아카데미즘을 '서재의 학문'이라고 꾸짖었다.

야나카 마을에 들어가 '연구'하게 된 것들을 다나카 쇼조는 '야

---

60 홋카이도에서 예로부터 살아온 선주민.

나카학'이라고 표현하고, 자신을 '야나카학 초등학생'이라고 자리 매김했다.

쇼조의 야나카학은 문자 그대로 '실학'이었다. 간추리자면 그 것은 두 가지 의미를 품고 있다.

하나는, '현실을 다루는 학문'이라는 것이다. 야나카학은 '책 상 위의 학문'이나 '탁상공론'이 아니었다. 사실을 마주하고 현실 에서 배우는 것, 특히 중요한 것은 "글 모르는 평범한 인민의 무리 속으로 들어가" 그 인민에게서 배우는 것이었다.

다른 하나는 '실천의 학문'이라는 뜻이다. 쇼조가 말년에 몸에 서 떼지 않고 항상 지니고 다니던 책 가운데 〈신약 성서〉가 있다. 이 성서를 두고 쇼조는 "성서는 읽는 것이 아니다. 행하는 것이 다."라고 되풀이해서 쓰고 있다. 쇼조는 예수의 가르침을 '버리는' 일과 '용서를 구하는' 일 두 가지로 요약하고, 나날이 그 실천에 힘 썼다. 즉, 독서량이나 지식의 많고 적음이 문제가 아니다. 어떤 지식도 실천에 도움이 안 된다면 의미가 없었다.

"죽은 책, 죽은 서책을 보지 말라."고 하면서, 살아 있는 '지식' 은 사회를 바꾸고자 애쓰는 과정에서 고투를 거듭하면서 파악할 수밖에 없음을 쇼조는 가르치고 있다.

그래서 쇼조는 학생들에게도 '실학'을 권했다.

'청년에게 바란다'라고 제목을 붙인 글에서, 쇼조는 이와 같이
말한다.

실학에 힘을 쏟으라. 말하자면 마을로 돌아간다는 것은
현실에 뿌리박는 것이다. 글 모르는 평범한 인민의 무리 속
으로 들어가는 것이다. …… 학생을 보라. 어느 학생도 하나
같이 인민을 돕는 학문을 보지 못한다. 이를 테면 도치기에
법학도가 100명 남짓은 있겠으나, 인민을 돕는 학생은 하나
도 없다. 그 밖에 경제든, 정치든, 인민을 꾸짖고 속여 자기
주머니를 채운다. 도치기 현이 특별한 곳이 아니라 대부분
그러하다. 그리고 농민을 괴롭히는 자뿐이다. …… 아무리
학력이 높더라도 그런 지식은 악이다. 넋 놓고 있다가는 이
런 패거리에 끼고 만다.

· 1907년 10월

1886년에 제정된 제국대학령은 '국가의 필요에 응하는' 학문
을 하는 곳으로 제국대학을 자리매김하고 있다. 곧, 국가를 위한

학문, 국가에 봉사하는 학문이다. 그런데 다나카 쇼조는 인민을 위한 학문, 인민에게 봉사하는 학문이어야 한다고 말한다. 인민을 돕는 것이 학문의 목적이어야 한다는 것이다.

쇼조가 이런 말을 일기에 이어 쓴 것은 1907년이었다. 그 뒤로 100년이 넘게 지난 지금 학문은, 전문가의 지식은, 과연 어디를 향하고 있을까.

이번 핵발전소 사고로 '원자력 마을原子力村, 겐시료쿠무라[61]'이란 말이 등장했다. 폐쇄적이고, 정부와 기업의 이익을 위해 봉사하는 것에만 눈길을 두는 전문가들의 습성이 매섭게 비판받고 있다. 아시오 광독 사건에서도 그러했고, 미나마타병 사건 때도 마찬가지였다.

그러한 쏠쏠한 교훈을 새긴 채, 미나마타병 연구의 제일인자인 하라다 마사즈미 씨는 '미나마타학水俣學'을 열었다. 비전문가들의 학문, 장벽 없는barrier free 학문이다. 또, 누구나 참여할 수 있는 학문이라고도 한다.

---

61 핵발전을 추진함으로써 서로 이익을 얻는 전력회사와 정치가, 원자력 학자의 굳건한 카르텔을 비꼬아 이르는 용어이다. 일본 핵발전 반대 운동에서 본래 쓰이던 말인데, 3·11 이후 널리 알려지게 되었다. 한국에서는 흔히 '원전 마피아' '핵 마피아'로 불린다.

실은 하라다 씨가 외치는 미나마타학은 다나카 쇼조의 야나카학에서 실마리를 얻었다. 전문가라는 이들은 정부나 기업의 이익을 대변할 뿐, 피해 주민들의 처지에 서서 진실을 말하려 하지 않았다. 그래서 미나마타학은 미나마타병의 역사를 바탕으로, 메이지 이래 일본 학문이 처한 상황을 뿌리부터 바꿔 나가려는 것이다.

야나카학과 미나마타학. 학문의 바람직한 모습을 찾아, 이 둘은 서로 마주 울리고 있다.

인민은 인민의 경험을 믿고 물러서지 말라

"농민은 흙의 국물汁, 관리는 지식의 국물"이라는 표현은, 야나카 마을 매입 반대 운동을 할 때, 다나카 쇼조가 한 말이다.

농민이란 흙을 먹고 흙의 국물을 마시는 지렁이 같은 이다. 그래서 땅을 떠나서는 살아갈 수가 없다. 하지만 관리는 지식을 좇으며 지내고, 지식의 국물을 마시며 산다. 지식은 간편하고, 옮겨 다니기에도 편리하다.

한편 다음과 같이 말하기도 했다. 농민은 땅에 단단히 뿌리를 내린 큰 나무와 같다. 그에 비해 관리는, 시장에서 팔고 있는 분재와 같은 것이다. 큰 나무를 움직이기는 어렵지만, 분재는 운반할 수 있고, 어디든 옮겨 갈 수 있다.

나는 1995년에 펴낸 《다나카 쇼조, 21세기를 위한 사상가田中正造 21世紀への思想人, 치쿠마쇼보筑摩書房》에서 다음과 같이 썼다.

"하지만 핵발전소 사고만 상상해 보아도 알 수 있듯이, 일단 문제(사고)가 터졌다면, 대지에 뿌리를 내리고 사는 사람일수록 도망치기는 어렵고, 피해를 보기는 쉽다. 그러나 지식인들은 참으로 홀가분하다. 이렇게 해서, 피해는 항상 민중에게 쏠리는 구도가 근현대를 통해 되풀이되었고, 앞으로도 반복되려하고 있다."

안타깝게도 핵발전소 사고는 현실이 되어 버렸고, 핵발전소 주변에 살던 사람들이 가장 큰 피해를 입고 있다. 피난 구역이나 경계 구역으로 지정되어 어쩔 수 없이 떠나야 하는 농민들에게, 식구나 다름없는 가축이나 밭의 작물을 두고 피난을 하는 것은 정말로 생나무가 빠개지는 듯한 느낌이었을 것이다. 불편한 피난 생활이 언제 끝날지 헤아릴 수도 없다. 더구나 사고가 수습되더라도, 다시 본디 생활로 돌아갈 수 있다는 보증조차 없는 것이다.

그런데 사고를 낸 당사자인 도쿄전력을 보자. 회장을 비롯한 많은 직원들은 도쿄에 살면서, 사고(방사능)의 영향을 거의 받지 않은 채 평소와 다름없는 생활을 꾸리고 있다.[62] 몇몇 직원과 하청 노동자들만이 안간힘을 다해 사고 뒷처리를 하고 있을 뿐이다. 바로 다나카 쇼조가 짚은 대로가 아닌가.

그래서 쇼조는 관리(지식인)를 믿지 말라, 인민은 인민의 경험을 믿고 한 발짝도 물러서지 말라고 했다.

아아, 인민은 어리석어도 정직하고, 항상 앞뒤를 따지며 백년대계를 세운다. 그런데 이에 반하여 관리, 오늘날 관리들은, 특히 상급 관리들은 백년대계커녕 일 년 계획도 없이 그저 짧은 한때에 몰두하는 욕심보들뿐이다. 그날그날 자리의 안전을 꾀할 뿐이다. 그러므로 늘 임시변통이다. 이를 믿는 것은 큰 잘못이라고 말해야 한다. 인민은 인민의 경험을 믿고 한 걸음도 물러서지 말라. 흔들리지 말고, 움직여서

62　가쓰마타 쓰네히사勝俣恒久 회장을 비롯해 당시 고위 간부 대부분이 2019년 현재, 가족과 함께 해외에서 지내고 있다.

는 안 된다는 말입니다. …… 정직은 속기 쉬운 법이다.

· 1907년

지금도 국가 백년대계를 결정하는 것은 정치인이나 관료, 학자, 혹은 경제인처럼 높으신 분들의 전매특허 같은 감이 있다. 그런데 이러한 지식인들이 나라의 100년 앞을 내다보며 입안하여 실시한 여러 가지 사업과 계획이, 10년도 채 지나기 전에 틀어져 결국 수정하지 않을 수 없게 된다. 그래서 새로운 악순환에 빠지고 마는 사례가 숱하다. 이것은 왜일까. 핵발전 사업도 자원 소국의 백년대계로 시작된 것이다.

한편 그러한 지식인과 견줄 때, 민중은 '선견지명'이 없다고들 여긴다. 민중 스스로도 그렇게 믿게끔 영향을 받기도 하고, 또 정직하기 때문에 속기 쉽다고 쇼조는 말한다. 하지만 쇼조는 '어리석'다고 하는 인민이 '백년대계'를 살펴 행동하는 것이 예사고, 관리들이 고안해 낸 것은 '일 년 계획'도 되지 못한다는 것이다.

가령 농민이 나무를 심는 것은 자신이 그것을 팔아 돈을 벌기 위해서가 아니다. 자기 자신이나 손자가 집을 지을 때를 내다본 것이다. 산리쿠三陸[63] 연안이나 시라누이 바다 연안에 사는 어민

들은 산을 소중히 여기며 넓은잎나무를 심어 나간다. 산이 황폐
하면 바다도 황폐해진다. 그러면 풍부한 해산물도 얻을 수 없게
되는 것을 잘 알고 있기 때문이다. 자기뿐만 아니라, 또한 눈앞의
이익이 아니라, 끊임없이 미래 세대를 생각하며 행동하는 것이
다.

'인민은 인민의 경험을 믿고 한 걸음도 물러서지 말라.'는 표현
에서 읽을 수 있듯이, 쇼조가 중요하게 여긴 것은 민중의 '경험에
서 비롯된 지혜經驗知'였다. 그것은 다마키 데쓰玉城哲 씨가《물의
사상水の思想》(론쇼샤論創社, 1979)에서 말하는 것처럼, 관찰과 경
험이 쌓여 생겨나는 합리주의나 다름이 없었다. 책을 통해 얻는
'지식'과는 다른 자리에 있는, 어떤 의미로는 역사를 관통하는 합
리주의적 '지혜'라고 말할 수 있을 것이다.

쇼조는 자신의 "경험과 역사를 다시, 또 다시 심사숙고"해 가
면, 양보할 수 없는 '진리'를 발견할 수 있다고 한다. 이것은 생활
인인 민중에게 들어맞는 학문의 방법이자, 동시에 쇼조의 방법이
기도 했다.

---

63 일본 도호쿠 지방 이와테 현에 있는 해안. 지난 대지진 때 해일과 핵발전소 사고로
큰 피해를 입었다.

1911년 일기 가운데 한 구절을 인용해 두자.

> 분재나 분재로 기른 꽃과 같은 학자가 많다. 만드는 것은
> 자연을 꾸민다. 꾸미면 자연과 비슷하다. 자연을 해친 뒤에
> 또 다시 자연을 만들고자 한다. 만들어진 재앙은 이미 많다.
> 이런 일들이 많아지면 사회는 다 죽을 것이다. 지금과 같은
> 시대는 위험하다.
>
> · 1911년 9월 25일

관리와 마찬가지로, 학자도 '분재'와 같은 것이라고 한다. 분재
는 자연 그대로인 나무와는 달리 '자연을 꾸민' 것이다. 결국은 가
짜라는 것이다. 오늘날 학자들 중에는 가짜가 많다. 이런 학자가
많으면 사회는 죽어 버린다고 쇼조는 꼬집고 있다.

다른 곳에서도 요즘 학자들은 "안경만 닦"고 있다, 안경을 닦는
것은 물건이 잘 보이라고 하는 일인데, 학자들은 안경을 닦느라
여념이 없어서, 먼 데는커녕 자기 발치조차 볼 수 없게 되어 버렸
다고 말한다.

참으로 날카로운 비판이다. 학문의 세계에만, 전문가의 세계

에만 안주하다 보면, 어느새 주변(사회)이 보이지 않게 되어 버린다. 그 결과 진실한 모습과는 거리가 먼 거짓 '자연'을 만들고, 그것을 사람들에게 보여 주려고 하는 것이 오늘날 학자라는 것이다. 이렇게 제국대학을 중심으로 한 '지식'의 현실과, 그것을 떠받치는 학자와 전문가 집단을 매섭게 꾸짖었다.

그뿐 아니라, 다나카 쇼조는 초등교육에도 위기감을 느끼고 있었다. 쇼조는 그것을 치리멘ちりめん[64]을 염색하는 일에 빗댔다.

아이들은 모두 아주 좋은 소질을 지니고 있다. 그것은 고급스러운 것으로 이름난 나가하마長浜 치리멘과 같다. 학부모는 나가하마 치리멘을 학교에 맡기는 것이다. 그런데 초등학교에서는 온갖 화학 물감을 써서 타고난 소질을 죽여 버리고, 균일한 색깔로 물들여 졸업시켜 버린다고.

쇼조는 그것을 "누여 죽인다."라고 표현하고 있다. 아이들이 지닌 능력이나 개성을 길러 주는 것이 아니라, 개성을 죽이고 능력을 죽여 다 비슷하게 만들고 만다는 것이다. 다양성을 존중하는 것이 아니라, '모두 똑같음' '다 마찬가지'를 중시하는 획일주의

---

64 견직물의 일종으로 바탕이 오글쪼글한 비단.

교육에 대한 근본적 비판이다.

교육이나 연구에 몸담은 이들이 아무쪼록 스스로를 경계하고 일깨워야 하는 바다.

가장 높은 학교는 민중 속에 있다

다나카 쇼조의 야나카학은 인민에게 배우는 것이었다.

옛사람이 이르되, 세 사람이 가면 그중에 꼭 내 스승이 있
다고. 나는 생각한다, 셋이 가면 세 사람이 모두 내 스승, 사
회 억만 동포 모두가 내 스승이라고 깨닫고 있습니다.

· 1908년 6월 15일

이런 방법을 쇼조는 '하학상달下學上達'로 요약한다. 그것을 가
장 명확하게 표현하는 1913년 1월 23일 일기를 보자.

지식知을 좇아 앎을 얻기란 순조롭다. 어리석음愚으로 나

아가 앎을 얻으려고 한다면, 이것은 거꾸로다. 그러나 순조
롭게 얻는 앎은 '사람의 지식人知'에 불과하다. 어리석음에
서 얻는 앎은 사람의 지식이 아니라, 오히려 '하늘의 지혜天
知'다.

옛말에 이르되, 낮고 예사로운 것부터 배워 차차 깊고 어
려운 이치를 깨닫는다고 했다. 하층민下民이나 영세민細民,
형편이 넉넉지 못한 이貧窮者들은 지식이 부족하다. 그러므
로 글을 배움에 우둔하다. 요즘 사회에는 걸맞지 않는다. 세
상사에 어둡고 때를 모르며, 앉아서 목숨을 빼앗긴다. 이것
이 어리석음이다. 그러나 이 어리석음이야말로, 이 어리석
은 사람이야말로 그 숫자가 많다. 무릇 하늘은 입이 없다.
하늘의 뜻이 사람으로 하여금 말하여지는 것은 이 어리석은
무리衆愚의 입을 통해서다. 하늘의 이치는 지식이 아니라,
어리석은 자나 어리석은 무리가 함께 외치는 소리에 있다.
생각컨대 참된 지혜는 지식을 따르는 이들에게 있지 않다.
어리석은 무리는 사람에게는 어리석다 여겨지지만 하늘에
게는 어리석지 않다.

낮은 곳에서 배우는 것을 중히 여기면 하늘의 뜻에 맞다.

어려운 지식을 먼저 좇아 깨치면 사람의 지식에는 밝되 하늘의 이치天理에는 더디 닿게 된다. 나는 말한다. 어려운 지식은 아래로 닿을 수 없다. 그러나 아래에서 깨친 낮고 예사로운 지혜는 반드시 깊고 어려운 이치에 도달한다.

이 일기에서 밝힌 것처럼, '낮고 예사로운 것부터 배워 차차 깊고 어려운 이치를 깨닫'고자 마음 써 온 덕분에 쇼조는 '지식'과 '어리석음'의 가치를 뒤집을 수 있었다. '어리석음'으로 나아가 '앎'을 얻으려고 하면, 좁은 '사람의 지식'이 아니라 '하늘의 지혜'에 닿을 수 있다. '하늘의 이치'는 '어리석은 자나 어리석은 무리'의 입을 빌려 말해지는 것이며, '어리석은 무리는 사람에게는 어리석다 여겨지지만 하늘에게는 어리석지 않다.'는 것이다. "배움에 이르지 못한 자가 반드시 어리석지는 않다. 많이 배운 자가 꼭 지혜로운 것은 아니다."라고도 말하고 있다. 사상가 하나사키 고헤이花崎皋平 1931~ 씨는 이것을 '어리석음의 변증법'이라고 평가한다.

그렇다면 하학상달의 바탕이 되는 민중의 형편을 알기 위해서는 어떻게 하면 된다고 생각하고 있었던 것일까.

민중의 형편을 보려 하기보다는 오히려 자신의 몸을 그 형편 속에 두어야 한다. 민중의 세계에 몸담지 않고 어떻게 그 형편을 깊이 알 수 있겠는가. 물고기를 잡는 자가 물고기의 마음을 안다. 민중과 함께한다는 것은 민중과 형편情을 같이하는 데 있다. 형편을 같이하는 것은 같이하는 것이다. 가까이 가는 것은 가까이 갈 뿐이다. 가까운 것은 가까울 뿐이다. 아직도 똑같지 않다. 똑같지 않으면 똑같지 않다. 나 또한 아직 똑같지 않다. 똑같지 않아서, 형편을 이해한다 하더라도 가짜 헤아림에 지나지 않아, 아직 진정한 공감同情이 아니다. 본질眞에 이르지 않은 것은 진짜가 아니다. 진짜가 아니라면, 100년을 함께 지내며 밥을 나눈다 하더라도 공감에 이르지 못한다. 당연하도다. 야나카 사람들이 내 형편을 헤아리고 알아주지 않은 것이 아니라, 먼저 내가 이들의 형편을 헤아리고 알아주지 않은 것이다. 이러한 잘못을 마침내 발견했도다.

1912년 2월 26일, 이바라키 현 고가초古河町의 여관에서 적은 일기 가운데 한 구절이다. 앞에서 인용한 "'늙은이의 냉수' 식으로 배우는 어리석음"과 마찬가지로, 민중의 형편을 알려면 우선 사람들 속으로 들어가는 것이 필요하다고 한다. 같은 처지에 몸담지 않으면, '진정한 공감'에는 이르지 못한다는 것이다. 야나카 사람들이 자신의 형편을 헤아리고 알아주지 않은 것이 아니다, 자신이 그러지 않았기 때문에 야나카 주민들의 진정한 모습을 알 수 없었다면서 마음 깊이 뉘우치고 있다.

이렇게 해서 '나 아닌 모두가 내 스승'이라고 하는 심경에 서게 된 것이다. 그런데 쇼조에게 인간만이 스승은 아니었다. 1909년 8월 27일 일기에 다음과 같은 내용이 있다.

> 내가 항상 말하는데, 전 세계 사람들은 물론이고, 날짐승 · 길짐승 · 벌레 · 물고기 · 조개 · 산 · 강 · 풀 · 나무에 이르기까지 무릇 이 세상 동식물은 무엇 하나 나를 가르치지 않는 것이 없어, 이 모두가 나의 좋은 스승이다.

곧 '날짐승 · 길짐승 · 벌레 · 물고기 · 조개 · 산 · 강 · 풀 · 나무'처럼 '이 세상 동식물' 모두가 자신에게는 '좋은 스승'이라는 것이다. 물론 '날짐승 · 길짐승 · 벌레 · 물고기 · 조개 · 산 · 강 ·

풀·나무'가 말할 리는 없다. 새나 벌레, 풀이나 나무를 앞에 두고 마음을 가다듬고, 귀를 기울이고, 자신도 자연 그 자체가 되어 그 소리를 알아듣고자 애쓴다. 그렇게 하면 그 목소리가 들려오는 것이겠다.

인간만이 아니다. 자연의 모든 '생명'이 울리는 소리에도 겸허하게 귀를 기울이려고 하는 자세. 그리고 그 소리에 배우고자 하는 자세. 우리는 그런 자세를 잃어버리지는 않았을까.

듣는다와 들려준다의 차이

다나카 쇼조의 야나카학이 '듣는' 경지에 이른 것은, 야나카에 남아 마을을 지키는 주민들에게 배우는 자세가 확립되었기 때문이다.

1907년 6월부터 7월에 걸쳐, 둑 안쪽과 위쪽 땅에 남은 주민들의 집 16채가 강제 철거되었다. 하지만 주민들은 야나카를 떠나려 하지 않았다. 나둥그러진 기둥과 덧문짝 따위로 초라한 임시 오두막을 짓고 계속 살았다.

그런데 와타라세 강에 홍수가 나 주민들의 집을 덮쳤다. 쇼조는 가까운 고가초에 머물던 참이었는데, 큰물이 지자 놀라 배를 빌려 야나카 주민들을 구하러 갔다. 볏섬을 200석이나 채울 만큼 커다란 배였다. 주민들, 특히 늙고 병든 이들이 걱정스러웠던 것이다.

하지만 환자들을 비롯해 모두가, 임시 오두막 속에 작은 배를 띄우거나 나무를 붙잡은 채 거센 파도에 흔들리면서도 "의외로 태연했다". 나머지 사람들도 둑 위나 작은 돌로 된 사당 곁에서 흠뻑 젖으면서도, 배에 오르라는 쇼조의 권유를 완강히 거부했다.

이러한 주민들의 모습에 쇼조는 큰 충격을 받았다. 처음에 쇼조는 주민들이 홍수 속에서 "고통"을 오로지 "견디"고 있겠거니 생각했다. 하지만 이윽고 자신에게는 고통이지만 아픈 사람들은 "대부분 태연"했는데, "이것이 자연"이 아닐까 하고 느끼게 된다. 이렇게 해서 "사람은 이렇듯 모두가 만만치 않은 것인가?"라는 생각이 가슴 속에서 자라나게 되었다. 쇼조는 여기서 처음으로 "나 같은 이들이 깨우친 학설"과 야나카 주민들이 "스스로 터득한 '알맹이'"는 시작이 다르다는 것을 깨달았다.

이 차이를 '발명'하면서, 야나카학에 임하는 쇼조의 자세도 변해 갔다. 단적으로 말하면 '알려주고' '들려주는' 자세에서, '배우고' '가르침을 받는', 혹은 '듣는' 자세로 방향을 튼 것이다. 쇼조는 이 사실을 1911년 7월 20일자 서한에서 다음과 같이 돌이키고 있다.

쇼조도 지난 메이지 37년(1904년) 이래 가르치려 하다가 실패했습니다. 처음부터 쇼조가 야나카 인민의 이야기를 듣고자 힘썼더라면 일찍이 좋았을 텐데, 그러지 않고 듣기는 뒤로 미룬 채 가르치기에만 절박했습니다. 오로지 가르쳐 주려고 가르쳐 주려고만 골똘했습니다. 조급히 굴면 구는 만큼 반발이 일어나, 쇼조의 말은 듣는 사람도 없이 공연히 헛수고가 되었습니다. 3년에서 너댓 해가 지난 뒤로 점차 이야기를 듣는 자세로 바꾸면서 조금씩 야나카 사정에 밝아지기 시작했습니다. 돌이켜 보니 지난 8년을 거치면서 오직 이 하나, '듣는다'와 '들려준다'의 차이 하나를 발명했을 뿐입니다.

1904년 7월 말 야나카 마을에 처음 들어갔을 때만 해도, 쇼조는 영락없이 선각자이자 계몽자였다. 권리가 무엇인지도 모르는 '어리석은 민중'을 가르치려는 자세가 두드러졌다. 마을 사람들 더러 모르는 것은 들으러 와라, 하고 말할 정도였다.

그러던 쇼조가 마을에 남은 주민들과 똑같은 자리에 서서 먼저 자신을 상대에게 열고 허심탄회하게 이야기를 경청하기 시작했다. 그러면서 배우고 자성하며 자기 변혁을 이루어 가게 된 것이다. 먼저 자신이 변하지 않으면 상대는 내 이야기를 들으려 하지 않는다. 먼저 자신이 상대방의 말에 귀를 기울이고 거기서 배우려는 자세가 아니면 상대도 내 이야기를 들어 주지 않는 것이다.

'듣는다'와 '들려준다'의 차이. 이것은 그저 교육의 출발점일 뿐만 아니라, 모든 인간관계의 기본 원리다. 쇼조의 야나카학은 그러한 인간 사회의 진리를 발견하기에 이른 것이다.

쇼조는 올해 예순일곱이 될 때까지 무엇을 했는가. 그저 남의 것을 훔치지 않고, 남의 집에 불을 지르지 않고, 감히 사람을 죽이지 않고, 새를 죽이지 않고, 벌레를 죽이지 않으려는 마음가짐이 있을 뿐. 이루지 못할지언정 사람을 도우려고 하는 됨됨이가 있을 뿐입니다.

6. 자연을 대하는 태도에서 배운다

치수는 만드는 것이 아니다

오늘날 와타라세 강은 도치기 현 후지오카초에서 유수지 한가운데를 지나 도네가와 강利根川으로 흘러든다. 이는, 1910년부터 와타라세 강 개수 계획에 따라 굽이쳐 흐르던 강줄기의 모습을 바꿔 버린 결과물이다.

이 와타라세 강 개수 계획은 야나카 마을을 중심으로 한 하류 지역을 희생시켜, 중·상류 지역을 구하려는 성격이 빤했다. 쇼조는 이 계획을 그저 비판하는 데 그치지 않고, 스스로 벌인 하천 조사 결과에 따라 대안을 내놓았다. 일흔의 나이로 와타라세 강 언저리에 있는 조그만 개울들의 본줄기까지 샅샅이 답사하며,

강가에 사는 주민들에게 전에는 홍수 때 물이 얼마나 차올랐는지를 오로지 묻고 다녔다. 놀라지 마시라. 쇼조는 1910년 8월 10일부터 이듬해 1월 30일까지 대부분 걸어서 다녔는데, 그 거리가 1,800킬로미터가 넘었다.

다나카 쇼조가 살던 시대는 마침 하천 행정이 바뀌던 때였다. 1896년 하천법이 제정되면서 하천 공사의 방향이 크게 달라진 것이다. '저수低水 공사' 중심에서 '고수高水 공사' 중심으로 바뀌어 갔다. 도야마 가즈코富山和子 씨는 "홍수를 '달래는' 방식"에서 "홍수를 '가두는' 방식"으로 변화했다고 표현한다. 곧, 큰물이 질 때 최대 강수량이 얼마인지 가늠한 다음, 그것을 웃도는 규모로 댐이나 둑을 쌓아, 불어난 물을 강에다가 가두는 방법이다.

근대적인 고수 공사는 수많은 지주들이 요구한 것이기도 했다. 무엇보다 땅을 알차게 쓸 수 있고, 수확량도 안정되기 때문이다. 덕분에 둑 바로 옆에까지 집이 들어섰다.

쇼조는 이러한 고수 공사를 '서양식' 치수라며 반대했다. "일본의 지형과 풍토"를 살린 전통적인 저수 공사가 좋다고 보았다. 저수 공사란 강의 자연스러움을 따르는 방식이다. 강이 천천히 굽이쳐 흐르게 두어 물살이 세지지 않게 하고, 강둑이 넘칠 만큼 큰

물이 질 때는 물이 넘나들 수 있도록, 유수지 노릇을 하는 땅을 집터 따위로 개발하지 않고 남겨 두는 것이다. 하지만 고수 공사를 추진하는 이들은 땅을 이렇게 놀리는 것이 아깝다고 보았다.

이 저수 공사가 쇼조가 외친 치수론의 특징 가운데 첫 번째라면, 두 번째는 '수계일관水系一貫의 사상'이다. 산에서 바다까지, 강 상류에서 하류까지 모두 서로 밀접하게 하나로 얽힌 것으로 보고, 물길을 돌보는 일 뿐만 아니라 산을 돌보는 일까지 중시하는 것이다. '치산치수'라고 바꾸어 말해도 좋다. 쇼조는 "숲을 마구 베어 없애는 것은 나라를 스스로 죽이는 행위이다."라고 할 정도로, 물줄기가 시작되는 곳을 돌보는 일을 중요하게 여겼다.

그러니 오늘날처럼 콘크리트로 주변을 다지고, 똑바로 물길을 튼 고만고만한 강들을 쇼조가 본다면 틀림없이 놀랄 것이다. 쇼조는 말한다. 오늘날 치수는 "마치 자를 가지고 줄을 가로 긋는 것과 같다. 산에도 언덕에도 개의치 않고, 땅 생김새도 자연도 무시한 채, 똑바로 직각으로 만든다. 이것은 조작하는 것, 곧 치수를 조작하는 것이다." "치수는 조작하는 것이 아니다."라고.

확실히 고수 공사 덕분에 홍수가 빈번히 덮치는 일은 사라졌다. 그 점에서 우리는 전보다 더 안심하고 지낼 수 있게 되었다.

하지만 자연은 때로, 인간이 가늠한 수량을 훌쩍 넘는 홍수를 일으킨다. 숲이 물을 충분히 머금을 수 없을 때는 그 물이 한꺼번에 강으로 흘러든다. 그리고 댐이나 둑 안에 홍수를 '가둬 버리자!' 하는 인간의 잔꾀가 통하지 않을 때는, 둑이 단숨에 터지며 엄청난 참사를 일으킨다.

실제로 도야마 씨가 저수 공사 시대와 고수 공사 전성 시대의 연평균 홍수 피해액을 견주어 본 바로는, 고수 공사 전성 시대로 오면서 피해액이 여덟 배 넘게 증가했다.

일본 고수 공사의 특징을 잘 보여 주는 사례로 도네가와 강 개수 공사가 있다. 1900년부터 1930년까지 공사가 이어졌는데, 약 4천만 명이 투입되어, 총 길이 186킬로미터에 이르는 둑을 쌓았다. 이때 땅을 파고 퍼낸 흙이 파나마운하를 뚫을 때보다 더 많았다고 한다. 그래도 결국 도네가와 강의 물을 다스릴 수 없어 2차 대전 이후까지 대홍수가 계속되었다.(《국토의 변모와 수해国土の変貌と水害》, 다카하시 유타카高橋裕, 이와나미신쇼岩波新書, 1971)

쇼조는 그것을 "수량이 느는 것을 이기려고 하는 어리석음"이라고 꾸짖었다. 결국에는 늘기만 하는 수량과 둑 높이 사이에 악순환 경쟁이 벌어지게 된다는 것을 꿰뚫고 있었다.

아래에 따 온 글은 '치수론고治水論考'라는 1911년 2월 일기의 한 부분이다.

치수는 흐르는 물이라는 자연을 따르고 모든 인위적 방해 물을 없애야 한다. 그리하면 비록 홍수가 지더라도, 큰물이 흘러넘치지 않고 자연히 가까운 바다나 만으로 흘러 나가 다스릴 수 있을 것이다. 이것이 홍수로 입게 될 큰 재앙과 피해를 막는 한 가지 큰 도리이자 방법이다.

사람이 손을 대어 자연의 도리를 심히 거스른다든지, 혹은 내의 방향을 새롭게 바꾸거나, 물길을 곧게 펴 유역을 줄이려는 짓은, 모두 치수의 핵심을 몰라서 저지르는 바다.

숲의 풀과 나무를 베고 산을 무너뜨리거나 굴을 뚫고 언덕을 헐고 계곡을 메워 내를 만드는 것 같은 일은, 인간의 힘으로 자연에 맞서고자 하는 것이다. 이는 결코 치수의 본뜻도, 목적도 아니다.

오늘날에도 일본의 하천 행정은 여전히 1950년대 홍수 때 고수량에 매여 있다. 중지된 가와베 강川辺川 댐 건설 문제[65] 하나를 보더라도, 국토교통성(건설성)의 발상은 바뀌지 않았다. 숲을 마구 베어 산이 가장 황폐해진 1950년대에 견주어, 지금은 산이 물을 머금는 힘이 무척 달라졌는데도 그렇다. 이제 그만하면 어떻겠나 말하고 싶다. 지금 우리에게 가장 필요한 것은 쇼조의 치수론처럼 자연과 타협을 이루며 공생해 나가는 겸허함이자, 무엇보다 산과 강을 '사랑하'는 자세가 아닐까.

그런 의미에서 쇼조의 이러한 말은, 마음에 스며든다.

치수는 하늘이 다스리는 것이다. 우리가 능히 잘 다룰 수 있는 바가 아니다. 오로지 삼가며 다른 존재(남)를 해치지 않으려고 할 뿐이다. 흐르는 물길을 방해하지 않으려고 할 뿐. 적어도 흐르는 물을 더럽히지 않으려고 할 뿐. 깨끗하게 흐를 수 있도록 할 뿐. 마을마다 나라마다 지역마다 서로 이

---

65 가와베 강은 일본의 삼대 급류 가운데 하나로, 연간 강수량이 2,000에서 3,000밀리미터에 이르러 종종 홍수 피해를 입는 지역이다. 1966년 치수와 관개, 수력발전을 목적으로 중앙 정부가 구마모토 현 구마 군球磨郡 일대에 댐 건설 계획을 세웠지만, 건설 예정지의 농민들이 관개용수가 필요하지 않다며 반대 운동에 나섰다. 시간이 흐르면서 어민과 환경단체들도 가세해 반대 운동은 점점 거세졌고, 3만 4천여에 이르는 주민 가운데 절반이 반대 청원에 서명하기에 이른다. 결국 건설 계획이 수립된 지 44년 만인 2008년 9월, 가와베 강 댐 건설은 사실상 백지화되었다.

마음으로 물을 따르면, 물은 기꺼이 바다로 갈 뿐. 우리는 그저 산을 사랑하고, 강을 사랑할 뿐이다. 하물며 사람에 있어서랴. 이것이 치수의 크나큰 핵심이다.

· 1909년 9월 24일

땅을 가는 것이 자연의 이치

경작 면적을 줄이는 정책이 일본에서 본격으로 시작된 것이 1970년이니까, 벌써 40년이 넘는다. 보조금이 나온다고는 해도 참으로 안타까운 이야기다. 갈지 않는 땅은 점점 황폐해진다. 곧바로는 제자리로 돌아가지 않는다.

방사능으로 오염된 논밭에서는, 겉흙과 밑바닥 흙을 뒤집는 작업을 하고 있다고 한다. 아시오 광독으로 오염된 땅에서도 이루어진 작업이다. '덴치 가에시天地返し[66]'라고 했다. 별로 효과는 없었던 것 같은데, 100년이 넘는 시간이 지나 또 '덴치 가에시'가

---

66 위아래 땅 뒤집어엎기.

되풀이되고 있다. 무어라고 얹을 말이 없다.

후쿠시마 핵발전소에서 방사능이 유출되어 오염된 논밭에서는 농사를 짓는 것이 금지되었다. 지금은 사고를 수습할 전망이 서지 않는 터라 아무래도 작물을 심을 상황이 아니겠지만, 경작 제한은 얼마나 이어지는 것일까.[67]

규슈의 구마모토에서 내가 '다나카쇼조연구회'를 시작한 지도 20년이 되었다. 모임을 함께하는 이 가운데 유기농업 실천가인 우치다 게이스케內田敬介 씨가 있다. 우치다 씨가 후쿠시마 현 소마 시相馬市와 미나미소마 시南相馬市에서 유기농으로 농사를 짓는 농부들을 찾아 2011년 6월 모임에서 소개했다. 그 가운데 한 사람이 미나미소마 시 하라마치原町에 사는 농부 야스카와 아키오安川

---

67 2013년 5월, 핵발전소에서 15킬로미터 떨어진 논에서 벼농사가 다시 시작되었다. 일본 정부는 쌀 1킬로그램에 세슘 100베크렐을 넘지 않으면, 쌀을 판매할 수 있도록 허용하고 있다. 본래는 요오드 검사도 거쳐야 하지만, 2012년 4월부터 세슘만 측정하도록 규정을 바꿨다. 세슘 측정도 50베크렐에서 100베크렐 사이 수치만 측정할 수 있는 간이 측정기를 쓸 수 있도록 했다. 무엇보다 25베크렐 아래는 아예 검출되지 않은 것처럼 표기할 수 있기 때문에, 24.9베크렐까지는 합법적으로 방사능에 안전한 농산물처럼 유통할 수 있다. 가정용 쌀은 현 단위까지 생산지를 표시하게 되어 있지만, 산업용은 '국내산'이라고만 표기하면 된다. 이러한 방사능 관리 규정의 허점을 이용해, 일본 정부는 방사능 유출 지역에서 농사를 재개하고, 안전성을 확신할 수 없는 쌀을 유통시키고 있다.

昭雄 씨(85세)였다. 야스카와 씨는 벼농사가 금지됐지만 그래도
"유기농 쌀을 지키고 싶다."며 모내기를 했다. 쌀을 팔고자 하는
것이 아니다. 농사를 짓지 않으면 논은 못쓰게 되기 때문이다. 야
스카와 씨는 행정이 모내기를 막고 싶다면 "나를 죽인 후에 해 주
시오."라고 말했다고 한다.[68]

야나카에 남은 주민들도 야나카 땅을 일궈 벼나 보리를 가는
것을 금지당했다. 그래도 주민들은 보리를 갈았다. 그리고 주변
농촌 자원봉사자들의 도움을 받으며 홍수에 대비해 조촐한 둑急
水留, 급수류을 쌓아 보리를 거뒀다. 이 보리는 군사용으로 공출되
기도 했다. 도치기 현은 끝까지 농사를 막으려고 그 둑을 파괴하
기도 했지만, 그런 일로 주민들은 좌절하지 않았다.

다나카 쇼조는 이를 두고 '땅을 가는 것이 자연의 이치'라고 말
하고 있다.

만일 관리와 같은 이들이 야나카 인민을 미워해서 야나카

인민들이 논밭을 가는 것을 꺼린다면, 차라리 야나카 인민

68　후쿠시마 현 소마 시에서는 2013년부터 농사가 다시 시작되었다.

열아홉 사람은 전혀 갈지 않아도 괜찮다. 아무라도 결국 갈면 된다. 일본 사람이든 어느 나라 사람이든 좋다. 설령 일본인이 아닌 미국인이나 중국인이라도 좋다. 땅을 가는 것이 자연의 이치입니다. 야나카 인민의 입에 들어가지 않아도 괜찮다. 열린 곡식은 새가 먹어도 된다. 멧돼지나 사슴이 와서 먹어도 괜찮다. 모두 자연의 이치입니다. 극단을 말한다면 도적이 와서 벼를 베어 훔쳐 가도 괜찮다. 다만 자연이 준 먹을거리는 사람이나 동물의 입에 들어가 목숨을 하루 이을 수 있다면 그것이 자연의 이치이다.

· 1908년 10월 13일

정부나 도치기 현이 법률로 경작을 금지한 것은, "온갖 것이 나는 야나카의 기름진 땅을 헛되이 하는 어리석은 계책"이었다. 왜냐하면 야나카에 남은 주민들이 밀이나 쌀 농사를 짓는 것은 거두어 차지하려는 목적이 아니었기 때문이다. 자연의 힘, 곧 땅이 본래 지닌 생산력을 살리는 것, 그것을 소중히 여기며 헛일이 되게 하지 않는 것이 진정한 목적이었다. 갈고 짓는 행위는 자연과 힘을 모으는 일이다. 그 행위 자체에 가치가 있다. 그러니 일본인이 아니더라도, 누가 갈아도 좋다. 바로 '땅을 가는 것이 자연의 이치'인 것이다. 야스카와 씨가 생각하는 것도 마찬가지일 것이다.

그래서 땅을 갈아 거둔 '자연이 준 먹을거리'는 누가 먹어도 되는 것이다. 일본인이 아니어도 좋다. 심하게 말하자면 '도적'이 와서 훔쳐 가도 상관없었다. 그것으로 새나 짐승이나 도적이 '목숨을 하루 이을 수 있다면 그것이 자연의 이치'인 것이다.

이처럼 쇼조는 땅을 가는 것 자체에 가치를 두었다. 농사를 지어 거두는 생산물을 사사로이 갖거나 독차지하는 것을 목적으로 삼지 않았다. 하늘이 준 선물로 여기고 그것을 누구나 나누어 갖는 것을 이상으로 삼았다. '천산天産'이라는 자연의 혜택을 평등하게 누리는 것이야말로 쇼조의 소원이었다.

쇼조는 또 이렇게 말하기도 한다.

신의 섭리는 사람의 힘이 미치지 못하는 바다. 마치 야나카의 비옥함과 같다. 옛날부터 오래도록 살아온 야나카 사람들은 알지 못했다. 하늘이 주시는 비옥함은 늘 있는 일이라, 구태여 고맙다거나 대단한 줄을 모른다. 그렇다고 신은

화를 내지도 않으신다. 500년, 300년 여전히 자연의 산물을 전처럼 베풀어 주신다. 사람의 어질고 너그러운 행실도 이 자연이 베푸는 산물들처럼 베풀어도 그치지 않을 정도에 이른다면 모든 것을 이룬 덕행가이다.

· 1912년 4월 5일

우리는 자연이 지닌 힘을 헛되게 하고 있지 않을까. 자연이 베푸는 혜택을 고맙게 겸허하게 받고 있는가. 설령 방사능에 오염된 쌀이라도, "하늘이 베푸신 바"를 살리기 위해 달리 이용할 방법은 없는 것일까. 예를 들면, 오염된 쌀은 정부가 모두 사들이고, 바이오 에탄올 원료로 그 쌀을 쓰는 일도 생각할 수 있는 것이 아닐까. 이미 홋카이도北海道나 니가타 현新潟県 같은 곳에서는, 쌀로 바이오 에탄올을 생산하는 공장이 돌아가고 있다. 오염된 쌀에서 방사성물질을 어떻게 제거할 것인가가 과제이지만, 기술적으로는 가능한 것 아닐까.

핵에너지는 인간의 얕은 지식으로는 제어할 수 없다. 앞으로는 핵에너지에 기대는 것이 아니라, 태양광이나 풍력, 파력이나 지열 같은 자연에너지로 전환해 가야 한다. 그것이 '자연이 베푼 은혜'를 살리는 중요한 방법일 것이다. 다나카 쇼조가 가르치고 있는 것은 자연의 힘을 최대한으로 존중하고 살리는 것, 그것을 우리 문명의 기초로 삼는 것이다.

'페샤와르회ペシャワール会' 현지 대표인 나카무라 데쓰中村哲 1946~ 씨도 쇼조와 비슷한 생각을 하고 있다. 아프가니스탄의 사막에 용수로를 만들고, 사막을 농지로 바꾸는 공사를 착실히 수행해 온 이다.

"일본인은 자연에서 얻는 모든 것을 소중히 여기고 아끼며, 고마워했다. 자연은 친근했고, 정신생활 속 구석구석까지 파고 들어와 있었다. 그것은 논리적으로는 명쾌하지 않은 감성의 세계다."

"하늘은 이롭게利, 사람은 더불어和'라고 한다. 사람은 대지에 발을 딛고 서로 의지해야 살 수 있다. 추상적인 이념이 아니라, 눈앞의 누군가를 위해 일하며 자신을 잊는 것이다. 10년 전에 일어난 '9·11' 테러 이후로 아프가니스탄 지원이 자주 입에 오르지만, 남의 일이 아니다. 되살려야 할 것은 일본일지도 모른다."

2011년 1월 3일 〈구마모토일일신문熊本日日新聞〉 특집 기사에 실린 것이다. 나카무라 씨는 3·11 동일본 대지진이 일어나기 전에, '되살려야 할 것은 일본'이라는 것을 꿰뚫어 보고 있었다.

땅은 하늘의 것이다

선을 세계에 널리 알린 불교 사상가 스즈키 다이세쓰鈴木大拙 1869~1966의 대표작 《일본다운 영성日本的靈性》에, 다음과 같은 구절이 있다. 인간과 땅의 관계를 말한 부분이다.

"'하늘의 해'는 고맙기에 틀림없다. 또 이것 없이는 생명은 없다. 생명은 모두 하늘을 바라고 있다. 그러나 뿌리는 어쨌든 땅으로 내려야 한다. 땅에 얽히지 않은 생명은, 진정한 의미에서 살아 있지 않다. 하늘은 두려이 여겨야 하지만, 땅은 가까이 지내며 사랑해야 한다. 땅은 아무리 밟아도 때려도 꾸짖지 않는다. 태어나는 것도 땅에서부터다. 죽으면 물론 거기로 돌아간다."

"대지의 영靈이란 영혼의 생명이라는 것이다. 이 생명은 반드시 낱낱의 생명체에 뿌리를 두고 생겨난다. 생명체는 땅과 끝없이 이어져 있다. 땅에 뿌리를 박고, 땅에서 나와, 다시 땅으로 돌아간다. 생명체 안에는 대지의 영이 숨쉬고 있다. 그러므로 생명체에는 언제나 진실이 깃들어 있다."

스즈키 다이세쓰는 종교도 물론 영성을 기르는 것이지만, 그 이전에 인간과 땅이 맺고 있는 관계 속에 이미 영성이 존재한다고 말한다. 인간과 땅 사이의 떼려야 뗄 수 없는 관계를 강조하고 있다.

다나카 쇼조가 1908년 4월 5일에 한 연설에, 〈해군과 육군을 모두 없애야 한다海陸軍全廢〉라는 것이 있다. 그 가운데, '땅은 하늘의 것'이라는 제목이 붙은 부분을 옮긴다.

토지 문제도 그래요. '토지 국유'라고 하지만, 국유라는 말은 좋지 않다. '철도 국유' 따위와 마찬가지로 들리니까 오해를 낳는다. '민유'라는 말도 오늘날 쓰이는 '사유'와 헛갈려서안 된다. '공유'다. 사람은 하늘과 땅 사이에서 태어났다. 그러니 땅을 떠난 생활이 무사할 리가 없다. 하지만 헌법 몇 조에 신민의 소유권은 범하지 말 것이라고 나와, 공유론은 헌법 위반이라며 반대하는 자가 있다. 참으로 얕다. 헌법론이나 법률론이 아닙니다.

이 공유론이라고 하는 것은, 서로 성실하게 숙고해야 하는 연구 문제입니다. 오늘날의 공유론이라고 하는 것은, 논의가 아직 아무래도 불완전하다. 그러니까 논의의 지엽枝葉을 잡아서 공격하면, 얼마든지 공격의 여지가 있다. 자연의 길, 신의 법칙이라고 하는 커다란 근본으로 되돌아가 생각하지 않으면 안 된다.

다나카 쇼조도 '사람은 하늘과 땅 사이에서 태어났다. 그러니 땅을 떠난 생활이 무사할 리가 없다.'고 짚고, 그러므로 땅을 공유해야 한다고 강조한다.

메이지 후기(1900년대 초)에는 미야자키 다미조宮崎民蔵 1865~1928 [69] 같은 이들이 토지복권동지회土地複権同志会를 세우고 토지 공

---

69 메이지 시대, 다이쇼 시대의 사회운동가. 구마모토 현에서 향사의 아들로 태어났다. 동생인 야조彌蔵, 도텐滔天과 함께 자유 민권 운동에 힘쓴 미야자키 3형제로 불린다. 1885년 먼저 죽은 형 하치로八郎의 사우 나카에 조민 문하에서 공부하다가 병을 얻어 고향으로 돌아왔다. 이때 소작농의 빈궁함을 목격하고 마음 아파하다가, 1888년부터 토지도 하늘이 주신 것이니, 사람이라면 누구나 공평하게 나누어 받을 권리가 있다는 생각을 굳히게 된다. 1897년부터 1900년까지 미국, 영국, 프랑스를 돌며 각국의 사회운동가들을 만났다. 1902년 도쿄에서 토지복권동지회를 세우고 토지 조사를 위

유론을 외쳤다. 미야자키 다미조는 쑨원孫文을 도와 신해혁명辛亥

革命에 힘쓴 미야자키 도텐宮崎滔天의 형이다.《토지 균형, 인류의

크나큰 권리土地均享 人類の大権》라는 책도 펴냈는데, 쇼조의 동지인

기독교 사상가 아라이 오스이新井奥邃 1846~1922 [70] 도 이 책에서 큰 영

향을 받았다. 아라이와 벗이었으니, 쇼조 역시 다미조의 토지 공

유론을 알았을 것이다.

다나카 쇼조가 토지 공유를 처음 언급한 것은 1900년 8월 17일

가와마타 구헤이川俣久平 1847~1917 [71] 앞으로 보낸 서한이었다. 거기

해 일본 전역을 돌았다. 1911년 대역 사건으로 토지 공유 운동이 탄압을 받게 되자, 동
생 도텐과 함께 중국 혁명 운동을 지원하는 데 힘을 쏟는다.

70 센다이의 무사 집안에서 태어났다. 보신 전쟁에 종군하게 되면서 하코다테函館
에서 그리스정교를 만나, 신앙인의 삶으로 들어선다. 1871년 미국으로 떠나 스승 토마
스 해리스Thomas Lake Harris를 만나 명상과 자기 수련, 노동에 힘쓰는 기독교 공동
체에서 28년 동안 지낸다. 1899년 작은 가방 하나를 들고 일본으로 돌아와 친구와 지
인들의 집을 떠돌며 지냈는데, 이 무렵 다나카 쇼조를 만나게 된다. 두 사람의 교우는
1913년 다나카 쇼조가 세상을 떠날 때까지 이어진다. 아시오 광독 사건 해결에도 여러
가지로 마음 쓰며, 진정서를 쓰는 일 따위에 힘을 보탰다. 1904년부터는 후원인의 도
움으로 도쿄 교외에 '겸손과 조화의 집謙和舍'을 열고 제자들과 함께 지내기 시작했다.
평생을 가난 속에서 조용히 성찰하는 삶을 살았다. 죽은 후에도 비석 하나, 사진이나
초상화 한 장도 남기지 않았다.

71 사노 시에서 태어났다. 1880년부터 1890년까지 다나카 쇼조와 함께 현의회 의원
을 지냈다. 1890년 쇼조가 중의원에 입후보하면서부터 강력한 지지자로서 지원을 아
끼지 않았다.

서 "국가가 볼 때는 이 나라 방토는 피해 주민들의 것이 아니다. 피해 주민들은 그저 지금 잠시 소유권을 가질 뿐이다. 나라의 드넓은 땅은 오직 4천만 동포가 공유하는 것"이라고 지적했다.

토지 공유라고 하면 사회주의적인 주장처럼 보일지도 모른다. 하지만 막부 말기에서 메이지유신에 이르는 시기부터 일본의 민중 사상 속에 여러 차례 등장한다. 이를 테면 '요나오시 잇키世直し一揆'라고 하는 농민 봉기가 자주 일어났는데, 이때도 '토지 균등 분배'에 대한 요구가 내걸렸다. 땅을 고르게 나눠, 농민이라는 소생산자들의 지위를 지켜 달라고 요구하는 것이다. 언뜻 보면 토지 공유론과는 다른 듯한 인상을 받지만, 그 밑바탕에는 다나카 쇼조와 같은 '땅은 하늘의 것'이라는 사상이 흐르고 있다.

메이지 10년대(1880년대)에는 다루이 도키치樽井藤吉 1850~1922의 동양사회당東洋社会党[72]이나, 고바야시 도모히라小林興平의 신대복고 운동神代復古運動[73] 등에서도 같은 사상이 보인다. 그들의 주

---

[72] 일본에서 사회당의 이름을 딴 첫 정당으로, 1882년 나가사키 현에서 설립되었다. '도덕을 언행의 기준으로 삼아야 한다.' '평등을 주의로 삼는다.' '사회 공중의 최대 복리를 목적으로 한다.'와 같은 강령을 세우고 농민을 중심으로 3천여 명의 당원을 모았다. 하지만, 1883년 메이지 정부가 강제해산시킨다.

[73] [원주] '신의 시대 즉, 덴노가 등장하기 전으로 되돌아가자.' '만물은 공유해야 한

장은 땅도 하늘이 주신 것이니 사유해서는 안 된다는 것이었다.

'사람은 하늘과 땅 사이에서 태어났다. 그러니 땅을 떠나서 생활이 있을 리가 없다.' 이처럼 땅과 인간의 깊은 결합을 정말 중요하게 여긴다. 혹은 땅을 떠나서는 인간의 생활이, 인간의 존재 자체가 이루어질 수 없다고 본다. 그러므로 땅은 모두가 함께 소유하는 자본인 것이다.

다른 데서도 다나카 쇼조는 광독 피해 주민들의 땅을 두고, 피해 주민들은 땅을 잠시 맡고 있을 뿐이다, 자손 대대로 물리기 위해 소중히 돌보고 있는 것이지 피해 주민들이 사유하고 있는 것은 아니다, 그러니 땅이 오염되었는데 잠자코 있을 수는 없지 않겠나 하고 주장했다.

원래 땅은 인간이 만든 것이 아니다. 하늘이 만든 것이니 사적 소유에는 본래 잘 들어맞지 않는 것이다. 농지를 대하는 농민의 전통적인 감각도 후손들에게 물리기 위해 하늘의 것을 잠시 맡고 있다는 것이니, 땅을 아끼는 것은 미래 세대에 대한 책임이다.

다.' '빈부귀천을 들어 차별하지 말라.'와 같은 구호 아래 신도를 근본으로 삼고, 서양을 반대했다. 1880년대 후반부터 1890년대 초까지 절정기를 맞았는데, 이 운동을 이끈 이가 고바야시 도모히라였다. 도쿄를 비롯해 2부 43현, 110군데에 '주임 사무소'를 설치하고 있다.

땅을 대하는 이러한 감각은, 토지를 부동산으로 사고팔거나 돈벌이 대상으로 삼는 자본주의적 토지관에는 어울리지 않는다. 또, 토지를 생산수단으로 보고 공유해야 한다고 외치는 사회주의적 토지관과도 다르다. 더 이상 땅이 오염되지 않도록, 땅을 대하는 민중의 오래된 감각을 토지 정책에 끌어들여야 할 것이다.

사람은 만물의 노예라도 좋다

다나카 쇼조는 1907년 12월 5일 '산천의 수명 인류의 수명'이라는 글에서 다음과 같이 말했다.

> 산이나 강의 수명은 만억 년에 이른다. 30년이나 50년 전은 산과 강의 한순간이다. 사람의 짧은 수명이나 모자란 지식으로 생각하니 30년이나 50년을 옛날처럼 느끼는 것이다. 산은 천지와 함께 나이를 먹어 왔다. 또한 귀중한 것이다. 신이 아닌 인간의 간섭 따위는 허락하지 않습니다.

'산천의 수명' 곧 '자연의 생명'은 영원하다. '인류의 수명' 곧 '인간의 생명'은 한순간에 불과하다. 그래서 쇼조는 한순간의 목숨붙이에 불과한 인간이 자연에 '간섭'하고, 자연을 해치는 것을 '문명'으로 인정하지 않는다.

이처럼 인간의 수명을 자연의 수명과 마주 놓고 견주는 발상이, 만년이 되면 꽤 강하게 보인다. 때로는 인간의 수명은 "아침에 태어나 저녁에 죽는" "하루살이"와 같은 것이라고 비유한다. "천지는 길되, 생명은 짧다". 그러므로 영원한 생명을 얻으려면, 천지와 한몸을 이루는 삶을 살아야 한다는 것이다.

쇼조는 이러한 자세로 이윽고 근대 문명의 바닥에 깔린 인간 중심주의도 마주 놓고 보기에 이른다. 그것이 잘 드러난 문장을 옮겨 보자.

> 사람은 만사의 우두머리가 아니어도 괜찮다. 만물의 노예라도 좋다. 만물의 고용인이라도 상관없고, 심부름꾼이어도 된다. 인간은 그저 만사 만물 가운데 있는 존재로, 사람의 고귀함은 만사 만물을 거슬러 해치지 않고, 타고난 기운을元氣 바로잡아 고립되지 않는 데에 있다. ……

사람은 반드시 만물의 우두머리가 아니어도 된다. 만물의 노예라도 좋다. 고용인이라도 좋고, 우두머리의 심부름꾼이어도 괜찮다. 솔직히 말하면 말이나 사슴[74]이어도 상관없다. 사람은 만물 가운데 섞여 살며 통찰력이 뛰어나 만사를 잘 비추고, 화합하여 모든 일을 거스르지 않고, 자기 잘못을 고치고, 남이 만사에 지은 죄를 씻으며, 그 몸이 본디 타고난 기운을 밝혀 일하게 하고, 진실을 헤아려 고립되지 않으면, 그것이야말로 우두머리에 가깝다.

· 1912년 5월 14일

우리가 거의 누구나 배워 온 '인간은 만물의 영장'이라는 말은, 오랫동안 자연이나 다른 생물들보다 우리 인간이 우월하다는 근거로 여겨져 왔다. 인간 중심적인 발상이 몹시 짙다. 그런데 쇼조는 먼저 이런 인간의 오만함을 버려야 한다고 한다. 인간은 '만물의 노예라도 좋다. 만물의 고용인이라도 상관없고, 사환이어도 된다'. 다만 인간은 '만사 만물 가운데 있'는 것, 곧, 자연 속에서 다

---

74 말 마 자와 사슴 록 자를 합하면 마록馬鹿이 되는데, 일본말로는 '바보'라는 뜻이다.

양한 것들의 혜택을 입으며 살아가고 있는 존재이므로, '만사 만물을 거슬러 해치지 않고, 타고난 기운을 바로잡아 고립되지 않는' 것, 즉 자연과 어우러지는 것이 중요하다. 그리고 '자기 잘못을 고치고, 남이 만사에 지은 죄를 씻'고자 힘쓰면서, 비로소 사람은 '우두머리에 가까'워진다고 말한다.

즉, 인간은 태어나면서부터 '만물의 우두머리'인 것이 아니다. 그러한 교만한 생각이나 태도를 버리고 만사 만물에 깃든 영성을 인정하고 존중하며, 이들과 조화를 이루어 살아가고자 애쓸 때 비로소 영적 존재에 가까워지는 것이다, 이렇게 말하고 있다.

언젠가 슈바이처Albert Schweitzerother 1875~1965의 전기를 읽다가 이런 대목을 만났다.

"따라서 윤리란 모든 사람이 살고자 하는 자신의 의지를 두려워하며 공경하는 것이다. 동시에, 살고자 하는 의지를 지닌 다른 모든 생명을 두려워하고 공경하는 것이다. 그러므로 도덕의 근본원리란 생명을 지키고 이를 북돋우는 것이 선이며, 생명을 꺾고 이를 해치는 것이 악이라는 것이다.

인간은 고뇌하는 다른 생명을 돕고 싶다고 생각하는 한편, 다른 생명에게 위해를 끼치는 것을 두려워할 때, 진정으로 윤

리적이다. 그때 인간은 그 생명이 얼마나 가치가 있는가라고
는 묻지 않는다. 그에게는 생명 그 자체가 신성한 것이다.

　그 때문에 그는 나뭇잎 하나도 따지 않는다. 한 송이 꽃도 꺾
지 않는다. 벌레 한 마리도 밟아 죽이지 않는다."(《슈바이처シ
ュバイツァー》고마키 오사무小牧治·이즈미야 슈사부로泉谷周三郎,
시미즈 쇼인淸水書院)

슈바이처 사상의 바탕에 '생명을 경외하는 마음'이 자리 잡고
있음을 짚은 것이다. 이 인용의 마지막과 아래 쇼조의 글을 견주
어 보기 바란다.

　쇼조에게 이 삼사십 년은 한 꿈과 같다. 자식과 아내, 형
제, 친구는 물론, 친한 사이이건 아니건, 멀리 살건 가까이
살건 가리지 않고 훨훨 찾아다녔다. 바람처럼 비처럼, 또 새
처럼 짐승처럼 머물 곳조차 정하지 않았다. 새나 짐승보다
도 못한 생활을 해 온 지도 수십 년이 지났다. 아무 하는 일
없이, 사회에도 보탬이 안 되고, 남들한테도 보탬이 안 되며,
집안에도 보탬이 안 되고, 자식과 아내에게도 보탬이 안 되
고, 나아가 친지와 벗에게도 보탬이 안 되면서, 쇼조는 올해

예순일곱이 될 때까지 무엇을 했는가. 그저 남의 것을 훔치지 않고, 남의 집에 불을 지르지 않고, 감히 사람을 죽이지 않고, 새를 죽이지 않고, 벌레를 죽이지 않으려는 마음가짐이 있을 뿐. 이루지 못할지언정 사람을 도우려고 하는 됨됨이가 있을 뿐입니다.

· 1907년 7월 24일

다나카 쇼조가 야나카 마을 어느 집에 묵다가 한밤중에 마당으로 나와 오줌을 누는데, 물새가 너무 놀라서 허둥지둥 달아났다고 한다. 쇼조는 이를 몹시 걱정해서 밤에는 눈이 보이지 않을 텐데 다치지는 않았을까, 놀라게 해서 미안하다면서 깊이 뉘우쳤다. 그렇게 쇼조는 새의 형편도 내 일처럼 걱정했다. 새도 벌레도 죽이지 않으려 애쓰며 살았다고 말하듯, 생명을 공경하고 두려워하는 마음을 분명하게 품고 있었다.

생명을 경외하는 마음에서 보듯, 쇼조는 자연계의 모든 존재에 깃든 영성을 인정했다. 그리고 신앙의 원점이라고도 할 만한 영성과 신비로움 앞에서 겸손해야겠다고 마음에 새겼다. "사람의 삶은 신비를 연구하는 것이 평생의 일이고, 또 신비를 아는 것은 사람의 천직이다. 하늘이 명령한 공무이며, 사람은 신비를 살펴 연구하고 감탄하기 위해 태어난다."고 하는 것이다.

우리는 근대 문명에 흠뻑 빠져 생활하는 동안, 어느덧 이런 겸허함을 잃어버린 것 같다. 쇼조가 말하는 '진정한 문명'이란 자연과 인간이 관계 맺어 온 근본 방향 자체를 반성하는 것에서 시작되는 것이다.

하늘땅과 더불어

쇼조는 야나카 마을에 들어서면서부터, 같은 곳에서 이틀 밤을 묵지 않았다. 그런데 쇼조 자신은 그러한 생활상을 즐기는 경지에 이르렀다.

이 늙은이도 야나카 지방이 물난리를 당한 뒤로 이들과 일상을 같이하기 시작해 꼬박 다섯 해, 아직도 정해진 집이 없다. 날마다 떠돌며, 발길 닿는 데서 잠을 청한다. 이와 동행하고, 벼룩과 모기와도 고락을 같이한다. 어느 때는 풍월이 높고, 청풍이 천천히 불어와, 파도 사이에 물고기 춤추는 것을 본다. 마을 노래가 가까이에서 귀를 기껍게 한다. 내 삶의 끝없는 쾌락. 신과도 자주 교감하는 바가 있다. 사람에게는 역경은 없는 것이다. 모두가 즐거움이니라.

· 1909년 6월 23일

이나 벼룩, 모기와 '동행'하여 '고락을 같이'하는 나날을 보내면서도, 바람이나 달, 그리고 파도 사이에서 춤을 추는 물고기들을 보고서는 즐거워하고, 축제가 벌어져 멀리서 희미하게 들려오는 마을 노래를 듣고서는 즐거워하고 있다. 쇼조는 이것을 '내 삶의 끝없는 쾌락'이라고까지 말한다. 다른 데서는, "세상살이의 고됨 또한 한창 재미있는 판으로 접어든다.辛酸入佳境"라는 표현도 나온다.

하기야 쇼조는 1909년 7월 9일 일기에 음악이 생기면서부터 '천뢰天籟'에 귀를 기울이는 사람이 없어졌다고 적고 있다. 천뢰란 자연이 내는 울림, 바람이 물건에 부딪혀 울리는 소리이다. 소나무 숲을 스쳐 가는 바람 소리를 떠올려 보면 되겠다.

쇼조가 살았던 시절의 '음악'에 대면, 오늘날 우리 주변에는 훨

씬 많은 인공 음악이 가득하다. 물론 훌륭한 음악도 많다. 그 사실을 부정할 생각은 없다. 다만 쇼조처럼, 자연의 소리에 귀를 기울이는 순간도 우리 생활 속에 필요한 것은 아닐까. 그런 마음의 여유를 가지는 것, 그것이 풍요로움이 아닐까 생각한다. 그러나 쇼조가 살아온 방식은 더 철저하다.

공기 속에서 지내며 바람과 함께 날아다니는 것입니다. 산을 보거나 강을 보거나 해서는 즐거움과 또 슬픔이 뒤섞여 모두 이 안중에 떨어져 빠집니다. 오랜 세월 하늘과 땅이 살아온 아득한 수명 그 속에서 태어나도, 사람의 목숨은 짧아서 바람 앞에 등불 또는 아침 이슬과 같다. 벌레로 치면 하루살이의 목숨이 아침에 태어나 저녁에 죽을지도 모르는 것이니, 인생의 사사로운 욕심이 무슨 쓸모가 있겠는가.

· 1912년 1월 16일

하나사키 고헤이 씨는 "공기 속에서 지내며 바람과 함께 날아다니는" 쇼조의 표표한 삶을 일러 마치 '행각승' 같다고 표현했다. 쇼조는 자연의 영원성 앞에 인간의 '사사로운 욕심'을 마주 놓고

보면서, '사사로운 욕심'이나 '자잘한 이익小利', '소유'에 매달리는
삶의 방식을 부정하게 된 것이다.

    사람은 자연에서 태어나 자연과 함께한다. 조금도 그르
침이 없다. 하늘의 이치를 깨달아 아무 부족함이 없는 평안
함도 하늘과 땅 사이에 가득 차 있다. 기쁨과 즐거움이 또한
한이 없다. 자연과 함께하는 삶은 곧 사랑이니라, 인仁이니
라. 이것이 참實이다, 이것이 바른 도리義이다. 그리고 지식
과 도덕知德은 자연과 함께하는 삶의 아름다움이다. 또 이르
되, 아름다움은 조화和를 이루는 핵심으로, 조화는 하늘과
땅을 아우른다.

· 1912년 10월 6일

또, 이렇게 말하기도 한다.

    일본이 죽어도 하늘땅은 죽지 않는다. 하늘땅과 더불어
사는 언행을 하라.
    하늘땅과 함께 영원함에 응답하라.

쇼조가 보기에는 인간의 목숨도 한순간이지만 국가의 목숨도 마찬가지였다. 그러므로 인간은 국가(일본)와 한 몸이 되어 살아가는 것이 아니라, 영원히 사는 자연과 한 몸을 이루고자 해야 한다는 것이다. 그렇게 하면 영혼이 죽지 않는, 영원한 생명을 얻게 될 것이라고 했다.

자연에 바탕을 둔 '영원한 삶에 대한 바람'은, 일본 민중 사상 속에서 끊이지 않고 흘러 온 것이다. 그것이 결실을 맺은 것이, 다나카 쇼조의 '하늘땅과 더불어' 언행하고자 하는 삶의 방식이었다.

오늘날 우리가 어떤 의미에서는 극단적이기까지 한 쇼조의 방식을 그대로 따를 필요는 없다. 쇼조는 집도 버리고 아내와도 떨어져 지내며 모든 재산을 공공을 위해 내던졌다. 이를 실제로 흉내 내는 것은 불가능할 것이다. 다만 인연도 사사로움도 가진 것도 모두 버린 쇼조의 삶의 방식無緣無私無所有, 무연무사무소유을 때때로 자신을 돌아보는 거울로 삼아 주었으면 좋겠다.

일본을 보라. 천연을 계발한 것은 없고 되레 천연을 망치는 일에만 급급하다. 그동안 간신히 물질의 힘을 빌려 조그만 이익을 얻은 자가 많다. 천연이 큰 것을 모른 채, 유한한 물질에 잠시 깃든 힘을 빌려 자질구레한 이익을 챙기기에 급급하다. 그 조그만 이익조차 사사로운 것, 자연이 공공에 베푸는 크나큰 이로움을 모른다. 이것이 지금 현재의 모습.

7. 공공사상에서 배운다

다나카 쇼조의 공공사상

하토야마 유키오鳩山由紀夫 1947~ 전 총리가 시정 방침 연설에서 '새로운 공공新しい公共'을 내세운 이래, '공공'이라는 말이 갑자기 주목받게 되었다.

하지만 다나카 쇼조가 공공이라는 말을 자주 써 왔다는 사실을 아는 사람은 별로 없을 것이다. 김태창1934~ 씨와 함께 엮은 《공공하는 인간 4 다나카 쇼조公共する人間 4 田中正造》(도쿄대학출판회東京大学出版会, 2010) 뒤쪽에 그 쓰임새를 정리해 놓았는데, 모두 160차례가 넘는다. 여기서는 다나카 쇼조가 '공공'이라는 말을 어떻게 쓰고 있는지를, 눈에 띄는 것을 뽑아 예를 들고자 한다.

첫째로 '공공은 사회적'이라는 견해를 들 수 있다. "국가와 공공을 가르자면, 국가는 정치적, 공공은 사회적"이라고 한다. 요컨대 국가는 곧 공공이 아니라는 것이다. 국가와 공공을 가르고 있을 뿐 아니라, "공공적인 것과 개인적인 것 사이의 구별"도 강조했다. 그래서 쇼조에게 공공이란 '국가' 곧 공公과 '개인' 곧 사私 사이에 자리하면서 그 둘을 잇는 것이었다. 여기에서 국가주의로 기울지도, 이기주의로 물러서지도 않는, 아주 균형 잡힌 공공 감각을 볼 수 있다.

둘째로 '공공하는 습관'이라는 표현을 눈여겨보자. "공공하는 습관은 입헌立憲의 원소原素이니라."라는 말에서 보듯, 일본 입헌 정치의 바탕을 다지기 위해 반드시 필요한 것으로 여겼다. '공공하는 습관'이란 본디 지역사회 속에서 발휘되어야 하는 것인데, 쇼조는 국민이 국가의 주인으로서 나라를 스스로 짊어지기 위해서도 중요한 것으로 여기고 있다.

셋째로 주목할 만한 것은 "천산은 공공의 이익"이라거나 "자연이 공공에 베푸는 크나큰 이로움大益"이라는 표현이다. 천산이나 자연이야말로 '공공의 이익'이며 '크나큰 이로움'이라고 하는 것이다. '천산'이란 본래 자연의 혜택을 뜻하지만, 그것을 누리기 위해서 사람이 하늘과 힘을 모아야 함을 의미하기도 한다. 이러한 사고방식은 그저 자연을 해치지 않겠다는 소극적인 차원에 머무르지 않고, 능동적으로 자연과 함께 사는 법을 찾는다. 그런 점에서 새로운 공공성과 연결되는 것이다.

그리고 넷째로는, "공공하며 서로 돕고 아끼는公共協力相愛 생활"이라는 말이다. 이에 대해서는 나중에 다시 쓰겠지만, 여기서는 호주국립대학교의 테사 모리스—스즈키Tessa Morris-Suzuki 1951~ 씨 가《애국심을 생각한다愛国心を考える》(이와나미쇼텐岩波書店, 2007)에서 다나카 쇼조의 '애국심'이 어떠한 것인가를 언급한 대목을 소개하고 싶다.

모리스—스즈키 씨는 다나카 쇼조의 애국심을 떠받치는 두 기둥을 자연환경과 지역사회로 본다. "자신이 태어난 땅을 사랑하는 것은 자연의 법칙과 조화롭게 일함으로써 자연의 풍요로움을 키우는 것"이면서, "자연환경과 그 속에서 사람들이 사는 공동체를 키우는 것이었다."고 짚고 있다. 이어서 "자연환경과 지역사회가 강력하면, 나라도 부유해진다. 마찬가지로 모든 구성원이 좋도록 서로 도우면서 공동체를 운영하고, 주민들이 '공공하며 서로 돕고 아낄' 때 지역사회는 자라난다."고 썼다. 다나카 쇼조는

"남을 배척하지도, 외국인을 내치는 일에 얽히지도 않았"다. '공공하며 서로 돕고 아끼는 생활'이 키워 나가는 지역사회가 이러한 모습의 '애국심'을 버티는 한 기둥이 되었음을 모리스—스즈키 씨는 중시하고 있다.

그리고 다섯째는, 다나카 쇼조에게 공공이란 무엇보다 실천도덕이었다는 점이다. 앞에서 보았듯이, 쇼조는 세이난 전쟁이 끝난 뒤 '온몸으로 공공에 이바지하'는 삶을 선언하고 그것을 평생 실천해 왔다. 쇼조에게 공공은 '공공한다'고 하는 동사형이었다. 동사형 '공공한다'는 메이지 초기에 발행된 〈메이로쿠잡지明六雜誌〉에 쓰인 사례가 나온다. 그 무렵 감각으로는 크게 이상하지 않을 것이다. 안타깝게도 그러한 감각이 현대인에게는 희미해져, 요즘은 명사형 '공공'이 중심이 되어 버렸다. 하지만 공공을 위하는 일에 스스로 나서서 움직이는 것, 곧 '공공한다'는 것이 다나카 쇼조가 실천한 공공사상의 큰 특징이다.

'공공철학' 연구자로 이름이 높은 도쿄대학교의 야마와키 나오시山脇直司 1949~ 씨는 《공공철학이란 무엇인가》(성현창 옮김, 이학사, 2011)에서 "쇼조의 사상은 바로 …… 21세기에 이어 가야 할, 일본을 대표하는 공공철학이라고 할 수 있을 것입니다."라고 썼다. 또한 공공철학교토포럼을 이끌어 온 김태창 씨도《공공철학公共哲学》제17권(도쿄대학출판회東京大学出版会, 2006)에서, "다나카 쇼조는 '공공하는 사람'을 잘 보여 주는 실례가 아닌가 싶다."고 말한다.

이처럼 다나카 쇼조는 지금으로부터 100여 년 전을 살았던 사람이다. 하지만 실은 오늘날 일본에서 공공사상을 생각할 때 빼놓을 수 없는 인물인 셈이다.

납세만큼 공공하는 일은 없다

세금 하면 우리는 '빼앗기는 것'이라는 느낌이 강하다. 소득세 · 주민세 · 고정자산세 · 자동차세 따위에 더해, 소비세도 5퍼센트를 부담하고 있다. 그리고 지금 그 소비세를 10퍼센트로 올리겠다는 이야기가 나온다.[75] 더 이상 참을 수가 없다, 하는 생각

---

75 이 책이 일본에서 처음 나온 2011년, 일본의 소비세는 5퍼센트였다. 일본 정부는 1989년 소비세를 3퍼센트로 처음 정했고, 1997년 소비세를 5퍼센트로 올렸다. 2014년 이를 다시 8퍼센트로 인상했고, 2019년 10월 10퍼센트 인상안이 시행되기에 이른다.

이 들지 않는 것도 아니다.

하지만 세금을 바라보는 다나카 쇼조의 생각은 달랐다. 쇼조의 사고방식을 보자.

> 세금을 많이 내는 자를 존중하는 것은 자치의 정신이다.
> ……
> 납세의 의무밖에는 공공할 일이 많지 않기 때문이다.
>
> · 1888년 9월

> 납세는 국민의 의무이자 명예니라. 적어도 명예를 원하
> 지 않는 자는 없다.
> 따라서 세금을 많이 내기를 바라지 않는 자는 없다.
>
> · 1898년

우선 개인에게 납세는 '명예'이고, 누구든 남보다 세금을 많이 내기를 바란다고 한다. 왜냐하면 납세만큼 '공공'하는 일은 없기 때문이다. 그래서 납세액이 많은 사람을 존중하는 것은 '자치의 정신'이라고 한다.

어쩌면, 조금이라도 세금을 덜 내면 좋겠다고 생각하는 우리로서는 이해하지 못할 관점이다. 지극히 독특한 조세관이다.

다나카 쇼조는 세금이란 것을 국가나 지역사회를 지탱해 나가기 위해 기꺼이 내는 것이라고 여겼다. 그리고 세금은 스스로 행복을 사기 위해 내는 것이라고도 했다. 납세는 국민의 의무이자 동시에 권리라는 감각이었는지도 모른다.

아마도 이러한 조세관을 이해하려 한다면, 근세 농민들의 연공관年貢觀 곧, 소작료를 바라보던 관점으로 거슬러 올라가야 한다.

아미노 요시히코網野義彦 1928~2004 씨는 근세까지 이어진 농민들의 연공관을 분석했다. "평민이나 농민들은 연공을 바치는 것은 자명하고, 당연한 일이라는 의식이 있"었는데, "소작료를 치러야 하는 농민들의 의식을 떠받친 것은, 자신이 속한 집단에 대한 의무감, 즉 자신이 그 공동체의 일원이라는 증거로서 당연히 어떠한 부담을 지지 않으면 안 된다는 의식이 밑바탕에 깔려 있었던 것 아닌가"라는 흥미로운 견해를 내놓고 있다.(《일본 문화의 진상을 생각한다日本文化の真相を考える》, 아미노 요시히코 외, 일본 에디터스쿨출판부日本エディタースクール出版部, 1986)

마찬가지로 미즈바야시 다케시水林彪 1947~ 씨도, "'무사 가문'은 '어진 정치仁政'를 베풀고 민중이 연공과 노역 따위를 '부담'하는 것은, 저마다 신분에 따른 '가업家業'이라는 의식이 있었다."라고 말한다. 당시 농민들이 연공을 당연한 의무로 여겼다는 것을 짚고 있는 것이다.(《봉건제 재편과 일본 사회의 확립封建制の再編と日本的社會の確立》, 야마카와출판사山川出版社, 1987)

짐작컨대 다나카 쇼조의 납세관은 근세 농민의 이러한 의식이 바탕이 되었을 것이다. 그래서 피해 주민들이 광독 피해를 입어 납세라는 '명예'로운 의무를 다할 수 없게 되자, 이를 문제 삼으며 정부의 책임을 엄중히 따진 것이다. 실제로 피해 지역 농민들이 내는 세금 총액은, 아시오 구리 광산의 납세액보다 많았다.

우리처럼 '빼앗긴다'는 의식이 강할수록, 세금의 액수나 부담의 형평성에 관심이 쏠릴 것이다. 반대로 공공을 위하여 기꺼이 내겠다는 마음가짐이라면, 틀림없이 세금의 쓰임새에 더 눈길을 두게 될 것이다.

하기는 쇼조만큼 세금의 쓰임새를, 특히 그 돈을 '부정하게' 쓰는 것을 매섭게 따져 물은 정치가는 없었다. 청일전쟁 이후까지 중의원에서 쇼조가 질의한 문제는, 대부분이 세금을 들여 키운

기업이나 광산, 산림 따위를 '부정하게' 팔아 치운 사건이었다. 쇼조는 '공공의 이익'을 해치는 것을 '공해公害'라고 했다.

쇼조는 다음과 같이 말하기도 한다. 인민은 "무저당無抵當으로 조세를 낸다. (정부를) 믿지 않으면 내지 않는 것은 물론이다". 납세라고 하는 행위는 정부를 신임하는 행위나 다름없다는 것이다. 스웨덴 같은 나라는 소비세를 20퍼센트 넘게 매겨도 문제가 되지 않는다. 여러 까닭이 있겠지만, 다른 무엇보다 국민이 정부를 신뢰하고 정부에 돈을 맡긴다고 여기기 때문이다. 세금 문제의 근본은 쇼조가 말한 것처럼, 정부가 믿을 수 있는지 아닌지에 있다.

만년에는 오히려 가혹한 세금酷稅觀을 강하게 비판하기도 했다. 하지만 우리는 다나카 쇼조가 꼭 집어 말한 것처럼, 납세자로서 세금의 쓰임새에 더 민감해져야 한다. 그리고 납세만큼 '공공하는' 행위는 없다고 여기고, 믿을 수 있는 정부라면 기꺼이 내겠다고 생각을 바꾸어 가면 좋겠다. 납세는 '명예'로운 일이니 잘사는 사람은 세금을 더 많이 내도록 하자. 그렇게 하면, 벌이가 많든 적든 똑같이 내야 하는 불평등한 소비세율도 되도록 낮게 매길 수 있을지도 모르겠다.

인민이 서로를 소중히 여기는 도리

쇼조는 늘그막에 접어들면서 '상애相愛'라는 말을 자주 쓰게 된다. '인仁'과 대충 비슷한 말로 볼 수 있다. '인'에도 그 바탕을 들여다보면 '자애를 베풀다, 친하게 지내다, 사랑하다'라는 뜻이 있기 때문이다.

그런데 쇼조는 상애를 공공이라고 하는 말과 아울러 사용하는 일이 잦았다. 예를 들면, "공공하며 서로 사랑하는 마음이 부족한 사람" "신의, 동정, 공공, 상애와 같이 선善한 문자" "공공하며 서로 돕고 아끼는 생활"처럼 말이다. 특히 1910년, 1911년에 자주 등장한다.

그러면 상애라는 말은 근대 일본에서 어떻게 쓰여 온 것일까.

먼저 문명 개화기를 보면, 〈메이로쿠잡지〉에서 쓰임새를 확인할 수 있다. 쓰다 마미치津田眞道 1829~1903가 쓴 글 '부부 유별론夫婦有別論'에, 다음과 같은 구절이 나온다. "무릇 성인聖人이 이처럼 부부 내외가 다름을 밝히고 엄하게 경계를 나누는 까닭이 무엇일까. …… 인간이 대를 거듭하며 자손을 이어 가는 까닭은 남녀가 서로 사모하는 정相愛에 있다. 만일 예법을 개의치 아니하고 멋대로 산다면, 짐승과 다를 바가 무엇인가. 어찌 부부 사이에 구별이 있겠는가."라는.

자유 민권 운동이 한창 벌어지던 시기에는, 요시오카 노리아키吉岡德明 1829~1898가 쓴 《개화본론開化本論》(1879년) 속에서 찾아볼 수 있다. 요시오카는 천태종 승려였다가 국학을 배운 뒤 환속했다. 그리고 대교원大教院[76]에서부터 여러 신사의 구지宮司[77]를 거쳐, 신도 사무국神社事務局 교수를 지냈다. 《개화본론》은 신도국교주의神道國教主義,[78] 보수적 국체론國體論[79]이라는 관점에서 자유 민권 사상을 비판한 기록이다. 짐승은 자애뿐이지만, '인류'가 '짐승'과 구별되는 점은 '인애'다. 인애는 "자신과 남을 가리지 않고 똑같이 두루 사랑"한다는 뜻이다. 사람은 나면서부터 서로 사랑하

---

76 메이지유신 직후 신도를 중핵으로 일본 국민을 교화하고, 텐노를 정신적으로 숭배할 수 있도록 하기 위해 메이지 정부 안에 만든 부서이다.

77 제사를 맡은 신관으로 각 신사의 가장 높은 자리.

78 신도는 일본의 고유한 민족 신앙을 일컫는다. 메이지 정부는 1870년 신도를 국교로 정하고, 이름뿐인 존재였던 텐노를 신격화하며 국가 통합의 상징으로 내세워 정권을 장악했다.

79 국체는 '텐노가 영원히 통치권을 총람하는 일본 고유의 국민성'을 이르는 말이다. 에도막부 말기에 구미 열강이 개국을 강요하는 상황에서 이러한 국수주의적 관념이 등장했는데, 메이지유신 이후 대일본제국헌법과 교육칙어로 국체론이 공식화되었다.

고 믿는 '상애상신相愛相信'의 자질을 갖추고 있어, 인도나 도덕이 뿌리를 내리는 바탕이 된다고 주장한다.

이와 같이 쓰다와 요시오카는, 새나 짐승에 견준 인간의 특징으로 상애를 들고 있다.

자유 민권 운동 속에서도 상애라는 말은 즐겨 쓰였다. 단체 이름에 상애를 붙이는 일이 많았던 것이다. 예를 들면, 간토關東에는 상애사相愛社나 상애협회相愛協會가 있었다. 구마모토에서도 상애사가 결성되었다.

근대소설에도 등장한다. 후타바테이 시메이二葉亭四迷 1864~1909는 《부운浮雲》에서 "서로 사랑하는 것은 상대방을 존중하는 일과 가깝다."고 썼다. 구니키다 돗포國木田獨步 1871~1908의 《속이지 않는 기록欺かざるの記》에는 "그렇게 서로를 사랑한 노부코信子, 마침내 나와 헤어지기에 이른다."는 문장이 있다. 도쿠다 슈세이德田秋聲 1871~1943의 《곰팡이黴》에도 "한 여학생과 서로 사랑하던 남자가 우연히 여학생 어머니의 눈에 띄게 되면서부터"라는 대목이 나온다. (〈일본 국어 대사전日本國語大辭典〉, 쇼가쿠칸小学館, 2002)

문제는 상애라는 말이 대상으로 삼는 범위다. 어디까지를 '서로 사랑'할 수 있는 영역이라고 본 것일까. 연인이나 부부간에 머

무르는 것인지, 부자와 가족 사이의 것인지, 아니면 공동체 수준
에서도 두루 쓰이는 것인지, 혹은 그것을 넘어서서 사회 속의 인
간과 인간을 한 관계망으로 엮는 원리solidarity로 여겨진 것인지
말이다.

쓰다 마미치의 글이나 근대소설에서 쓰인 예를 보면, 남녀간
의 애정이라는 의미로 쓰인 것을 알 수 있다. 반면 자유 민권 운동
안에서 쓰일 때는, 뜻을 같이하는 동지들에서 사회 전체로 확대
되는 느낌이 든다. 다나카 쇼조가 말하는 상애도 자주 공공과 함
께 쓰이는 것으로 미루어, 남녀나 부모 자식을 넘어, 사람과 사람
이 관계를 맺고 연대해 가는 사회적 결합의 원리를 뜻하는 말이
라고도 볼 수 있겠다.

동일본 대지진으로 재난을 당한 이들이 피난처에서 보인 모습
이야말로, 쇼조가 말하는 '인민이 서로를 소중히 여기는 도리人民
相愛の道德'와 다름없을 것이다. 인내와 자율성, 정직, 서로 양보하
는 정신 따위가 실로 자연스럽게 발휘되고 있다. 그 바탕에 깔린
것이 '인민이 서로를 소중히 여기는 도리'이며 "공공하며 서로를
사랑하는 마음公共相愛心"일 것이다.

지진과 해일로 수많은 '비명의 사자'가 나왔다. 하지만 쇼조의

말처럼, 이재민이 아닌 이들도 '인민이 서로를 소중히 여기는 도리'를 지키며 "무릇 인류 동포의 처지에서 이 비명의 사자가 있다는 소식을 듣고 누가 이를 슬퍼하지 않겠는가." 하는 심정으로, "국민 동포가 서로 불쌍히 여겨 함께 슬퍼하며 서로를 돕는 이들이 나온"다. 아직은 도리를 내팽개치지 않은 이들이 있다.

공공하며 서로 돕고 아끼는 생활

나는 피난처의 사람들이 실천하고 있는 것이 '공공하며 서로 돕고 아끼는 생활'과 다름없다고 여긴다. 지역사회 안에서 길러온 "결속력", "한데 무리 지어 함께 일해 온共同共和 힘"이 그 토대가 되고 있는 것이나 다름없다.

다나카 쇼조는 야나카학에 힘을 쏟던 중에, 공동체가 지닌 '결속의 힘' '습관의 힘'을 눈여겨보게 된다. 정부는 유수지를 만들겠다며 야나카 마을 땅을 사들이려고 했다. 그러자 쇼조는 비록 1억 5천만 엔이 쌓여도 주민들의 인권을 살 수는 없다, "무형의 단결력"도 수백 년이라는 기나긴 역사적 시간을 차곡차곡 쌓아 올려

온 것이다, 즉 "야나카 마을 인민이 모여서 한 마을에 있어야" 생기는 것이다, 이는 돈으로 가늠할 수 없는 귀중한 가치가 있다고 했다. 마을의 가치란 단순히 마을의 재산을 모두 더해서 매길 수 있는 것이 아니다. 주민들의 '결속력', '한데 무리 지어 함께 일해 온 힘'과 그것을 이루어 온 역사적 시간과 노력도 함께 넣어야 한다. 돈으로 가늠할 수 없을 만큼 귀중한 것들이다. 그것을 쇼조는 "한데 무리 지어 공공하며 힘을 모아 서로 돕는 생활", 혹은 '공공하며 서로 돕고 아끼는 생활'이라고 표현한 것이다.

여럿이 공공하며 서로 돕는 생활을 하는 자들이 있다. 이것을 (야나카의) 고립된 사람들에 대면, 상당히 유력한 비유는 이러하다. 야나카 둑 안쪽에 380가구가 있다고 하면, 집집마다 나무나 대밭이 있어 바람막이숲으로 삼았다. 따라서 서로 풍파에 덜 시달렸다. 마을이 학대를 받아 그 숲을 모두 베어 버린 후에는, 300만 평이 텅 빈 채 막막한 광야가 되었다. 기껏 헌법을 지키고자 하는 주민擁護民 16가구만 남게 되자, 풍파는 몇 배로 늘었다. 이것은 공공하며 서로 돕고 아끼는 생활이 무너져 버렸기 때문이다. 모여 사는 것은 중요한데, 인류가 생존하는 방법으로 가장 경제적이어서다. 자치는 이 수백 가구 수천 명이 마을을 꾸린 것이다. 참으로 국가를 이루는 덩어리니라. 사회와 가정의 근본이니라. 이러한 조직은 수백 년에 걸쳐 만들어졌다. 그러나 이것을 파괴하는 것은 하루아침일 뿐. 그런즉 깨뜨리는 것은 경제적인 일事業이 아니다.

· 1911년 8월 17일

마을이 파괴되어 황폐해지기 전에는, 야나카 사람들은 3년에 한 번은 닥쳐 오는 홍수 대책을 이렇게 마련했다. 저마다 집터 안에 서너 미터 높이로 흙을 쌓아 놓고, 그 위에 물난리가 나면 몸을 피할 '미즈카水塚'라는 오두막을 지었다. 또 마당에는 나무나 대나무를 심고, 집이나 미즈카가 맞는 풍파를 막았다. 이른바 '야시키림'屋敷林[80] 이다. 쇼조는 집집이 있던 야시키림이 맹렬한 풍파를 줄이는 상승효과를 눈여겨보았다.

그런데 마을이 황폐해지면서 자치단체도 파괴되고, 유수지를

---

80 바람을 막기 위해 집터 안에 심은 나무나 대나무 숲.

만들겠다며 나무를 베어 쓰러뜨리기 시작했다. 그랬더니 간신히 남은 16가구 주민들의 집에 부딪치는 비바람이 너무 거세졌다. 다나카 쇼조는 이를 '공공하며 서로 돕고 아끼는 생활'이 깨져 버렸기 때문이라고 표현했다.

권력은 행정의 단위이기도 한 야나카 마을이라는 공동체를 파괴해 버렸다. 하지만, 남은 주민들은 그곳에 머물며 '공공하며 서로 돕고 아끼는 생활'을 지켜 가려고 힘썼다. 그때 다나카 쇼조는, 우선은 파괴된 '공공하며 서로 돕고 아끼는 생활', 자연의 힘을 살린 지역의 '공공하며 서로 돕고 아끼는 생활'을, 남은 주민들과 함께 폐촌이 된 야나카 땅에 새롭게 '세우고자' 한 것이다.

일본의 학문은 메이지 이후 지금까지 서양에서 들어오는 것들에 많이 기대어 왔다. 그래서 공공성이라는 것도 시민 정신과 얽어, 도시를 중심으로 한 공간 속에서만 이루어진다고 이해하는 경향이 강하다. 나는 이 대목에서 줄곧 위화감이 들었다. 그런데 그러한 사고방식이 그릇된 것임을 실증한 것이, 이재민이 되어 피난처에서 지낼 수밖에 없게 된 이들 아닐까. 역시 바탕이 되는 것은 지역의 공동체이며, 그 안에서 기른 인간관계인 것이다.

다나카 쇼조는, 그러한 '공공하며 서로 돕고 아끼는 생활'에서 큰 가능성을 찾았다. 공공하고 서로 도우며 아끼는 이들이 함께, 생활 속에서 그것을 실천하고 실현해 간다. 그것은 사람의 '무리' 속에 들어가, '무리'의 사람으로 어우러지고, '무리'와 함께 생명과 살림, 생업을 지키고자 힘써 왔기 때문에 도달할 수 있었던 사상이었다.

피난처에서 지내는 이들은 '인민이 서로를 소중히 여기는 도리'나 '공공하며 서로 돕고 아끼는 생활'이 어떠한 것인지를 잘 보여 준다. 이러한 가치와 태도는 앞으로 어떻게 될 것인가. 피난처를 나온 뒤에도, 그것을 지켜 갈 수 있을까. 이번 지진과 해일, 핵 발전소 사고로 파괴되어 버린 지역 공동체도 많기 때문이다.

하지만, 그러니까, 다나카 쇼조와 야나카 주민들에게 배워 보자. 공동체가 파괴되면서 무너져 버린 '공공하며 서로 돕고 아끼는 생활'을, 이번에는 스스로 깨닫고 꾀해서 만들어 가는 것이다. 그것을 다시 살리고 꾸리는 길이 아무리 어려울지라도, 포기해서는 안 될 것이다. 우리는 고립되어서는 살 수 없기 때문이다.

다나카 쇼조는 '공공하며 서로 돕고 아끼는 생활'을, 신분과 빈부의 격차를 좁히고 신을 우러르며 신앙심을 길러 나가는 '영장永長[81]의 인화人和'론과 연결시켜 나간다.

일본인의 특징은 '화和' 즉, 조화의 정신에 있다고 흔히 말한다. 인간관계에서도 조화를 흩뜨리지 않으려고 마음 쓴다. 하지만 그래서, 개성이 사라진다면 아무 소용이 없을 것이다.

'화동和同'이라는 말이 있다. 유교에서는 '화이부동和而不同'이라고 하여 그 두 가지를 가르고 있지만, 일본에서 옛날부터 쓰여 온 바로 '화동'은 '동' 즉 '동화同化'라는 측면이 더 강조되어 왔다. 모든 사람이 똑같아야 마땅하다고 여기게 되면 다양한 개성이나 의견이 배제되기 쉽다. 다양성을 보장한 '조화和'여야 한다.

다나카 쇼조는 화동보다 '화협和協'[82]이란 말을 즐겨 썼다. 1893년 제4 제국의회에서, 군함 건조비를 둘러싸고 의회와 정부의 갈등이 극한으로 치달았다. 이 국면을 타개하기 위해 덴노가 '화충협동和衷協同'이라는 조칙詔勅을 내린 것이 시작이었다. 덧붙이자면 결국 군함 건조비를 마련하기 위해 공무원 월급 십 분의 일이

---

81 다나카 쇼조가 만든 말로, 영구하고 장대長大하다라는 뜻 정도로 옮길 수 있겠다.

82 우리말로는 서로 마음을 툭 터놓고 '협의'한다는 뜻이지만 일본어로는 '협력'한다는 뜻이다.

삭감되었다. 그때 구마모토 제5 고등학교 교사로 막 부임한 나쓰메 소세키夏目漱石 1867~1916도 이 조치로 월급이 깎였다. 나쓰메 소세키에게 급여 삭감을 명령한 사령이 지금도 남아 있다.

화충협동을 사전에 따라 풀면 마음을 모아 함께 일한다는 말이다. 다나카 쇼조는 그것을 줄여 화협이라고 했는데, 화협에는 친하게 하며 마음을 합치는 것, 사이 좋게 힘을 모으는 것, 의논해서 정리하는 것, 소리의 장단을 맞추는 것 같은 의미가 있다. 음악적인 의미로도 바로 하모니 그 자체이다.

쇼조는 그러한 화협을 근거로 '영장의 인화'론을 펴고 있다. 이 영장의 인화론은 맹자나, 손자의 〈병법〉에서 말하는 '천시天時, 지리地利, 인화人和'에 관한 단상이다. 러일전쟁에서 러시아는 '지리'로는 일본보다 유리했지만, '인화' 즉, 여럿이 서로 화합하는 힘이 뒤처지면서 패배했다고 짚은 다음, 이렇게 쓴다.

사람 사이의 조화는 영구한 것이 아니면 더욱더 위태롭다. 대개는 때때로 화합하는 것을 보고 사람의 화라고 말하는 사람이 많기 때문이다. 영구하고 장대한 조화는 더 크다. 튼튼하다. 영원히 변치 않는 것은 사회에서 모두가 사람이

사람인 참뜻을 익히고, 국민이 높낮음과 귀천이 없으며, 강

약도 빈복貧福도 없고, 서로 잘 믿는 것이다. 또, 공평하고 욕

심이 없으며 진심으로 믿고 사랑하는 것이다. 사랑은 의를

낳고 의는 믿음을 낳고 믿음은 힘을 나아 그 힘이 합쳐진 것,

이것을 영장의 인화라고 한다.

· 1909년 8월 24일

여기서 쇼조는 '사람 사이의 조화'가 '영구하고 장대한 조화永長
の和'가 아니면 사회가 위태로워진다는 것을 강조한다. 그리고 영
장의 인화를 이루기 위한 두 가지 조건으로 사회에서 사람이 모
두 '사람이 사람인 참뜻을 익히'는 것, 그리고 '국민이 높낮음과 귀
천이 없으며 강약도 빈복도 없'는 상태를 들고 있다. '사람이 사람
인 참뜻'을 다나카 쇼조 사상이라는 흐름에서 살핀다면, 귀중한
천부天賦의 인권을 존중하는 것이며, 정직이나 성실, 덕의나 인도
를 실천하는 것이다. 우선 '사람이 되는' 일이 필요한 것이다. 게
다가 다나카 쇼조는 신분적 · 경제적으로 평등해야 함을 힘주어
말한다.

여기서 쇼조가 빈부貧富가 아니라 '빈복'이라는 말을 쓰고 있음

을 눈여겨볼 필요가 있다. 빈복에는, 경제적 조건뿐만 아니라 정신적인 측면도 담겨 있다. 다나카 쇼조는 단순히 경제적 평등을 실현하는 것을 넘어 함께 행복하게 되는 것, 행복함을 느낄 수 있는 상태를 '조화'의 전제 조건으로 중시했다. 그것은 '두루 행복한 共福' 사회를 실현하는 일이다.

이렇게 해서 비로소 서로를 믿을 수 있게 되는데, 거기에는 사랑이 반드시 필요하다. 사랑 때문에 의리와 믿음이 생기고, 그것이 힘이 되어 인간 서로의 관계를 단단하게 만든다고 한다. 한마디로 하면, '평등하며 서로 믿고 사랑하는 사회平等な相互信愛社會'가 되는 것이다. 이것은 앞에 나온 '공공하며 서로 돕고 아끼는 생활'과 얼추 비슷할 것이다.

그런가 하면, 다음과 같이 말하기도 한다. 요즘 세상은 "사람이 사람을 먹는" 시대다. "사람이라는 맹수"는, 호랑이나 사자보다 더 무섭다. 그래서 사람이라는 맹수에게 먹을 것과 재물을 주어도, 그것은 "한때의 화합일 뿐. 잠깐의 인도와 인화일 뿐."에 지나지 않는다. "영구한 인화와 인도는 먹을 것이나 재물에서 나오는 일이 드물다. 아니 결코 없다. 영구는 가르침일 뿐. 신앙일 뿐. 고로 말하기를 종교나 신앙이 없는 인류는 반쯤 짐승獸性과 같다,

사나운 짐승猛獸性과 같다."고 했다. 이렇듯 쇼조는 '사람의 화'에는 신을 우러르며 섬기는 마음이 꼭 필요하다고 여겼다.

또 쇼조는, 사람과 사람은 돈이나 물건이 아니라 '믿음과 믿음으로 하나'됨을 이루어야 한다고 주장한다.

> 지식이 있는 자는 지식을 남에게 베풀라. 손발이 있는 자는 손발을 보태라. 재물이 있는 자 또한 마찬가지. 이처럼 서로 길고 짧은 것을 보태어 채워서 차차 일치를 이룬다. 또 사람은 돈으로만 움직이는 것이 아니다, 먹을 것만으로 움직이는 것도 아니다. 사람은 마음, 사람은 정신, 사람은 도리, 사람은 대의명분, 사람은 성실. 많이 믿고, 두텁게 믿으며, 깊이 믿어서 서로 믿음과 믿음으로 하나 되는 것이 제일이다.
>
> · 1909년 11월 11일

여기서는 남을 위해 자신이 할 수 있는 일을 하겠다는 발상을 엿볼 수 있다. 이것은 봉사의 기본이기도 하고, '새로운 공공'이 닿고자 하는 목표이기도 하다. 지식이 있는 사람은 지식을, 힘이 있는 사람은 힘을, 돈이 있는 사람은 돈을 내어놓고, 도리를 벗어나지 않으며, 자기 실력을 넘어서는 일을 벌이지 않고, 할 수 있는 일을 할 수 있는 범위 안에서 계속해 나가는 것이 중요하다. 그리고 '돈'이나 '먹을 것'으로 움직이지 않고, '마음'으로 움직여야만 '믿음과 믿음으로 하나 되는' 것이 가능해진다고 한다. 그것은 이재민들이 모여 사는 곳에서 실제로 이루어지고 있는 것이기도 하다.

이러한 정신이 지역 자치나 '새로운 공공'의 바탕에 없으면 안 되는 것임은 말할 필요도 없다.

자연이 모두에게 베푸는 크나큰 이로움

다나카 쇼조가 거듭 지적한 것처럼, 우리 문명은 앞으로 자연과 공존하며 자연이 베푼 혜택을 최대한 살려 나가야 한다. 에너지 정책은 물론 자연에너지를 중심으로 짜야 한다. 핵에너지를 평화롭게 쓴다는 말은 속임수에 불과하다. 전쟁에 이용해도, 핵발전에 이용해도, 핵에너지는 인간의 힘으로는 도저히 제어할 수 있는 것이 아니다. 사용 후 핵 연료 처리 방법조차 찾지 못한 우리가, 안락한 생활을 누리면서 진 외상값을 후손에게 떠넘겨서는 안 된다.

생명이란 흐름이자 이어짐이다. 목숨붙이는 공간과 시간에 걸쳐 서로 이어진다. 공간으로는 같은 시간을 살아가는 모든 생물들이 목숨을 잇기 위해 서로를 먹고 먹히며 이어져 있다. 생태계의 생존경쟁도 그렇고, 인간이 소나 돼지 같은 동물에서 생선이나 채소에 이르기까지 많은 생명을 받아먹고 가까스로 살아갈 수 있는 것도 그렇다. 그리하여 서로 기대고 있는 것이다.

시간의 이어짐이란, 생명을 대대로 이어 가는 것이다. 그로 인해 우리는 자식이나 자손, 후손들의 생명 속에서 계속 살아갈 수 있다.

삶의 이러한 흐름과 연결을 우리 대에서 끊어서는 안 된다. 그러자면 우리는 오늘날 문명과 살림의 모습을 밑바닥에서부터 바꿔 나가야 한다.

다나카 쇼조는 그것을 '자연이 공공에 베푸는 크나큰 이로움★益'이라고 일컫는다.

사람이 물질의 진보만 이룬 채 그것을 더해 나간다면 사회는 암흑이 된다. 전기가 들어와 세상이 어두운 밤이 되었다. 그러나 물질의 진보를 두려워하지 말라. 이보다 몇 걸음 더 앞서 천연 및 무형의 정신적 발달을 이루면, 이른바 문질빈빈文質彬彬하고, 지덕겸비知德兼備니라. 일본의 문명이 이제는 겉모양質이 있되 알맹이文가 없고, 지知가 있되 덕德이 없음에 괴로워한다. 뉘우쳐 고치지 않으면 스러질 것이다. 지금 이미 스러지고 있다. 아니 벌써 스러지고 말았다. 아이의 눈으로 지금 이 나라를 본다면, 실로 건져 내어 도울 길이 없다. 민심人心이 이미 끝장나고 형태形態 또한 스러졌기 때문이다. 미국을 보라. 미국은 건국 이래로 천연과 자유의 신神을 사랑해 왔다. 오늘날 물줄기의 끄트머리와 그 처음이 모두 풍요롭다.

일본을 보라. 천연을 계발한 것은 없고 되레 천연을 망치는 일에만 급급하다. 그동안 간신히 물질의 힘을 빌려 조그만 이익을 얻은 자가 많다. 천연이 큰 것을 모른 채, 유한한 물질에 잠시 깃든 힘을 빌려 자질구레한 이익을 챙기기에 급급하다. 그 조그만 이익조차 사사로운 것, 자연이 공공에 베푸는 크나큰 이로움을 모른다. 이것이 지금 현재의 모습. 오늘날 일본 관리나 자본가, 부자들이 바라는 바나 그 눈앞의 일들은, 모두 암흑 속에 있다. 누구도 하늘의 태양이 빛나는 것과 같이 공명정대하게 의무를 다하는 자가 없다.

· 1913년 7월 21일

'전기가 들어와 세상이 어두운 밤이 되었다.'라는 탁월한 표현을 보자. 다나카 쇼조는 물질의 진보나 사람의 힘으로 이룬 진보만 좇다 보면, 사회는 암흑이 되고 만다고 말한다. 하지만 물질의 진보보다 천연의 힘을 활용하고, 정신과 도덕의 진보가 몇 걸음 앞서가는 문명이라면 괜찮다고 여겼다. '문질빈빈'이란 〈논어〉에 나오는 말로, 밖으로 드러난 아름다움과 안에 채워진 알맹이가 어우러지는 모습이다. 즉, 일본의 문명은 겉모양만 번지르르할 뿐 알맹이가 따르지 않고, 지식에 치우쳐 있어 덕이 뒤잇지 않는다는 것이다.

그렇다면 어떻게 해야 '참된 문명'이 될 것인가. 그것은 '천연을 계발'할 것, 자연이 공평하게 널리 베푸는 '크나큰 이로움'을 낭비하지 않는 것밖에 없다는 것이다.

자연은 우리에게 반드시 좋은 얼굴만 내밀지는 않는다. 이번 지진처럼 때로는 엄청난 재해를 일으킨다. 노자가 '천지는 불인 하니'라고 말한 대로다.

하지만 그것은 우리가 어찌할 수는 없는 일이다. 그저 자연의 '섭리'로 감수하고, 거기서 자연의 '계시'를 읽어 낼 뿐이다.

자연 앞에서 인간이 얼마나 무력한가를 강조하고 싶은 것은 아니다. 자연 앞에 인간이 무력한 것은 사실이지만 거기서 '깨우침'을 얻고, 이를 바탕으로 우리 문명과 살림의 모습을 바꾸어 가는 것이야말로 우리가 걸어야 할 길일 것이다. 예로부터 인간은 그렇게 여러 차례 다시 일어서 왔을 것이라고 말하고 싶다.

1994년 《땅이 소란한 시대大地動亂の時代》(이와나미신쇼岩波新書)를 펴내 후쿠시마 핵발전소 사고를 '예언'한 이시바시 가쓰히코石橋克彦 1944~ 씨도 다나카 쇼조와 같이 말한다. "지진이나 해일, 분화, 호우, 돌풍, 폭설에 이르기까지 대자연은 가혹하다. 하지만 일본 열도에서 삶을 받아 태어난 이상, 우리는 슬기를 쥐어짜 자연과 공존해 갈 수밖에 없다. 그 지혜란 과학기술을 활용하면서도 그것을 과신하지 않고, 자연을 두려워하며 자연의 섭리를 거스르지 않고, 그 은혜에 감사하며 겸허하고 검소하게 사는 일이

라고 생각한다."라고. (〈주간 아사히 긴급 증간 아사히저널週刊朝
日緊急増刊 朝日ジャーナル〉, 2011년 5월 24일자)

우리 인간은 너무 교만했다. 앞선 이들의 지혜에서 배우지 않
게 된 것도 그 증거다. 선인들은 많은 교훈을 남겼다. 이를테면 메
이지 시대에 일어난 산리쿠 지진해일 때도, 선인들은 해일이 도
달한 지점을 정확히 후세에 전했다. 이러한 교훈을 앞으로 우리
가 살릴 것인지 살리지 않을 것인지, 단지 그것뿐이다. 다나카 쇼
조의 사상은 그러한 선인들이 남긴 지혜의 본보기이다.

'공공하며 서로 돕고 아끼는 생활'을 통해 지역 자치와 '여럿이
어울려' '두루 행복한' 사회를 이루고자 한다. '자연과 공생'하고
'자연이 모두에게 베푸는 크나큰 이로움'을 최대한 살리는 생활을
실천해 나간다. 이것이야말로 다나카 쇼조의 공공철학이라고 할
수 있을 것이다.

맺는말

우리 일본인은 패전의 황폐함 속에서 일어나, 미국으로 상징되는 풍요로운 생활을 꿈꾸며 경제성장이라는 한길로 달려왔다. 그 과정에서 얼마나 많은 '목숨붙이'들이 희생된 것일까. 게다가 그러한 '생명'은 번영을 누려 온 우리에게 숨겨진 존재였다.

나는 2009년 1월 쇼가쿠칸에서 《'생명'과 제국 일본'いのち'と帝国日本》이라는 책을 펴냈다. 〈일본의 역사日本の歷史〉 시리즈 가운데 한 권인데, 거기서는 근대 일본을 아우르는 특징으로 '생명 줄 세우기'를 꼽았다. 군사 대국과 경제 대국이라는 차이는 있지만, '생명 줄 세우기'는 2차 세계대전 전후를 모두 관통한다. 그리고 몹시 안타까운 일이지만, 이번 후쿠시마 핵발전소 사고와도 너무나 잘 들어맞는 것이다.

이제는 많은 목숨을 빼앗으며 진보를 이루려는 어리석음을 고쳐야 한다. 인간뿐만이 아니라, 모든 생명을 존중할 수 있는 사회로 바꾸어 나가야 한다. 성장을 좇는 경제에서, 재생과 지속을 중시하는 자급subsistence, 서브시스턴스 경제로, 지금이야말로 우리 살림 자체를 확 바꿔야 하는 것이다.

존경하는 사상가 하나사키 고헤이 씨는 민중 사상가 다나카 쇼조 사상의 핵심을 세 가지로 정리하고 있다.

첫째, "인간 존재라는 바탕 위에 서"는 것이다. 이것을 하나사키 씨는 '사람다움peopleness'이라고 표현하고 있다. 철저히 민중의 '낮음'에 서려고 했던 다나카 쇼조의 자세가 그 상징이다.

둘째, "생명을 중심으로 한 '서브시스턴스'라는 사상"이다. 말할 나위도 없이 서브시스턴스란 "생존을 유지하는 행위를 중히 여기는 생활과 생산·재생산 양식"을 일컫는다. 일본 민중은 이를 "일상을 살아가는 습관 속에서 길러" 왔다. 다만 가부장제와 관련해, 자급을 기본으로 하는 새로운 문명은 "생활 전반에 걸친 남녀의 평등과 협동을 그 핵심으로 삼아야 한다."고 짚었다.

셋째로는, "영원함과 유구함을 바라는 영성spirituality"이다. 지금까지 여러 차례 확인했듯이, 다나카 쇼조 안에는 영원히 이어

지는 생명에 대한 바람이 있어 '하늘땅과 더불어' 사는 삶을 이상으로 삼아 왔다. 하나사키 씨는 이렇게 정리한다. "민중 사상의 영성은 이름 높은 개인이 되려 하지 않으며, 능력만을 앞세워 뛰어난 역량을 발휘하는 데에만 목표를 두는 삶의 방식은 좋지 않다고 여긴다. 그러한 민중의 자기실현이란, 가족이나 자손, 고향의 자연과 논밭, 선조의 혼령祖靈 같은 모습을 빌려 그것을 지켜가기를 바라는 생명, 그 생명을 이을 수 있도록 봉사하며 사는 데에 있다."라고.(《다나카 쇼조와 민중 사상을 잇는 일田中正造と民衆思想の継承》, 나나츠모리쇼칸七つ森書館, 2010)

이처럼 하나사키 씨는 다나카 쇼조 사상의 특색을 민중 사상의 역사적 맥락 속에 무척 훌륭하게 자리매김시키고 있다. 그러면서 이러한 것들이 앞으로 새로운 문명의 핵심이 되어야 한다고 말한다. 작가 이시무레 미치코石牟礼道子 1927~2018 씨는 "제 사상의 스승은 다나카 쇼조 옹입니다."라고 분명하게 말한다. 아마도 이는 하나사키 씨가 정리한 것 같은 다나카 쇼조 사상의 특징이나, 근대 문명을 넘어서려 한 쇼조의 목표를 직관적으로 이해하고 있기 때문일 것이다.

미나마타에 '홋토하우스ほっとはうす' 라는 시설이 있다. 태아성 미나마타병 환자들이 모여 공동작업을 하는 곳이다. 그 시설장을 맡고 있는 가토 다케코加藤タケ子 1950~ 씨는 태아성 환자들을 두고, 전후 일본이 풍요로운 생활을 좇느라 희생당한 생명의 상징이라고 말한다.

어머니 뱃속에 있을 때 태반으로 흘러들어 온 수은에 중독되어, 태어난 순간부터 수난의 삶으로 들어서야 했던 운명의 태아성 미나마타병 환자들. 이들은 1956년 미나마타병이 공식 발견된 전후로 태어나, 반세기 넘게 미나마타병과 싸우며 살아왔다.

태아성 환자들은 미나마타병을 받아들이고, 장애가 심하고 덜한 정도에 따라 능력을 최대한 발휘하려고 애쓰며 살아간다. 이들은 진정으로 자기 '생명'을 빛내고 있다. 그 모습에 오히려 우리가 더 많이 배우고 용기를 얻을 때가 많다. 그래서 하라다 마사즈미 씨는 태아성 환자들을 '다카라코寶子, 옥과 같은 소중한 아이'라고 부른다.

우리가 꿈꿔야 할 새로운 문명은 이런 태아성 환자들이, 그들을 지원하는 많은 동지들과 함께 맨 앞에서 달릴 수 있는 것이어야 한다. 이렇듯 새로운 문명의 모습을 궁리하고 실현해 가기 위해서도 존재의 깊이가 스민 다나카 쇼조의 말에서 많은 것을 배울 필요가 있다.

다나카 쇼조는 서양 근대 문명을 본보기 삼아 대국으로 치닫는 근대 일본을 날카롭게 비판한 사람이다. 뿐만 아니라 억압당하는 이들의 처지에 서서, 혹은 아무 가치 없는 생명으로 치부된 사람들의 눈으로, 서양 근대를 뛰어넘는 사상과 원리를 찾고 세워 나갔다. 그런 점에서 다나카 쇼조는 인도의 마하트마 간디, 한국의 함석헌으로 이어지는 아시아 민중 해방 사상의 본줄기로 자리매김할 수 있는 인물이다.

그렇게 그릇이 큰 사상가였던 다나카 쇼조의 말을, 마지막으로, 다시 한 번 되풀이해서 써 두고 싶다.

참된 문명은 산을 황폐하게 하지 않고, 강을 더럽히지 않고, 마을을 부수지 않고, 사람을 죽이지 아니한다.

후기

내가 다나카 쇼조를 처음 만난 것은, 대학원 석사과정에 입학한 1979년이다. 석사 논문에서 다나카 쇼조를 다룬 뒤로, 줄곧 다나카 쇼조를 연구해 왔다.

벌써 30년 넘게 다나카 쇼조와 사귀고 있는 셈이다. 하지만 너무 그릇이 큰 인물(사상가)인 만큼, 그 사상을 어디까지 정확히 이해하고 있는지 도무지 자신이 없다.

그래도 내가 이해한 범위에서 다나카 쇼조 사상의 매력을 전하겠다고 마음먹고, 1995년에 《다나카 쇼조, 21세기를 위한 사상가》라는 책을 치쿠마쇼보에서 펴냈다. 역사적 인물의 사상을 읽는 방식은 시대 배경 속에서 읽는 방법과 시대 배경을 떠나 현대에 끌어들여 읽는 방법 두 가지가 있는데, 어느 쪽인지 따지자면 후자에 중점을 둔 책이다. 그 때문에 역사학 연구자 가운데는, 방법론에 의문을 나타내는 이도 있었다. 그렇지만 다나카 쇼조 사상이 지닌 현대적 의의를 얼마쯤은 밝혀낼 수 있었던 것 아닌가 여기고 있다.

그 책이 나온 지 벌써 15년이 넘게 지나, 출판사인 치쿠마쇼보에서는 더 이상 이 책을 찍을 계획이 없다는 연락을 받았다. 그렇다면, 하고 《다나카 쇼조, 21세기를 위한 사상가》를 바탕으로 이후 연구에서 얻은 식견을 넣고 정리해 새로 쓴 것이 이 책이다.

2011년 3월 11일, 대지진과 큰 지진해일에 이어 후쿠시마 제1 핵발전소 폭발 사고라는 전에 없던 재난이 일어났다. 도호쿠 지방에서 멀리 떨어진 규슈 땅에서 이 소식을 보고 들어야 하는 것은 참으로 답답했다. 도호쿠는 내가 태어나서 자란 땅이다. 나는 지금도 이 땅에 애착이 무척 깊다. 도호쿠 출신으로서 이 대재앙을 앞에 두고 아무것도 할 수 없는 안타까움에, 한동안 안절부절 못한 채 어찌할 바를 모르는 나날을 보냈다. 그리고 지금 이때 내가 할 수 있는 것이 무엇인가 하고 줄곧 생각했다.

그 결론은, 내가 연구해 온 다나카 쇼조의 사상을 정리해서 펴냄으로써 일본 문명이 앞으로 가야 할 방향이나 새로운 나라의 모습을 그리는 데 참고가 된다면 좋겠다 하는 것이었다. 다나카 쇼조의 말이 지닌 시공을 초월한 힘을 지금 이 시대에 되살리는 것이, 한 역사학도에 불과한 내가 사회적 책임을 다할 수 있는 방법이 아닐까 하고 생각했다. 그리고 그 생각은, 5월 3일에 미야기 현 이시노마키 시에서 히가시마쓰시마 시에 걸친 일대의 참상을 직접 눈으로 본 뒤로 더욱 강해졌다.

우리는 누구나 큰 역사의 흐름 속을 표류하는 자그마한 존재에 지나지 않는다. 흔히 인간은 역사 속에서 만들어진 존재이며, 역사를 만드는 주체이기도 하다고 말한다. 하지만 나를 포함해, 역사를 만드는 주체라고는 느끼지 못하는 사람들이 대부분일 것이다. 그래도 우리가 역사의 흐름 속에 살고 있음은 실감할 수 있다. 나라는 존재 앞에 수많은 조상들이 있고, 그 덕분에 나라는 사람이 있고, 앞으로도 많은 자손들이 뒤를 이을 것이라고, 아주 자연스럽게 그렇게 여긴다.

영원한 '생명'의 이어짐 속에 자리 잡은 존재라면, 역사를 살고 간 선인들의 지혜를 배우고, 미래 세대에게 우리 몫의 계산서를 미루지 않는 것이, 오늘을 사는 이로서 다해야 할 최소한의 의무(덕의)가 아닐까.

그러기 위해서도, 우리 자녀들이나 손주들을 위험하게 살게 해서는 안 된다. 모든 어린이를 방사능의 위험에서 보호해야 한다. 핵발전소 따위는, 우리 세대와 함께 '안락사'시켜야 할 존재이다.

다나카 쇼조는 세상일을 근심하던 사람이었다. 그러나 그가 살았던 시대에 세상일을 근심한 쇼조의 경구는, 극히 몇몇에게밖에 전해지지 않았다. 이 책도 "멸치 새끼의 이 갈기"[83]로 끝날지도 모르지만 그래도 괜찮다. 다나카 쇼조의 사상이 100년이 지나 되살아나듯이, 이 책도 10년 뒤, 20년 뒤에는 진지하게 받아들여 줄 사람이 나타날지도 모른다. 지금은 다만, 그때까지 지구상에 혹은 '일본'이라는 지구의 한 지역에 '생명'이 이어지기를 바랄 뿐이다.

이 책을 만난 뒤 다나카 쇼조가 남긴 원문을 읽어 보고 싶은 독자들에게는, 먼저 이와나미문고岩波文庫로 나와 있는 〈다나카 쇼조 문집田中正造文集(모두 2권)〉(이와나미쇼텐, 2004)을 권하고 싶다. 20권이나 되는 〈다나카 쇼조 전집田中正造全集〉에서, 그 사상의

83　힘에 부치면, 아무리 애써 보았자 소용없음을 빗대어 하는 말.

알맹이를 간결하게 정리한 것이다.

  쇼가쿠칸의 시미즈 요시로清水芳郎 씨는 어떤 의미에서는 독선
에 지나지 않을지도 모르는 내 생각을 진지하게 받아들여 공감해
주었다. 이 책은 시미즈 씨가 애써 준 덕분에 세상에 나올 수 있었
다. 다시금 시미즈 씨에게 깊이 감사드리고 싶다.

2011년 7월

고마쓰 히로시小松 裕

다나카 쇼조田中正造 **연표**

*팔호 안의 숫자는 다나카 쇼조의 나이이다.

1841(01) 11월 3일 시모쓰케 국 아소 군 고나카 마을(오늘날 도치기 현 사노 시 고나카초)에서 나누시 집안의 맏아들로 태어났다.

1857(17) 영주 롯카쿠가를 대신해 마을을 다스리는 나누시로 선출되었다.

1863(23) 이웃 마을에 살던 열다섯 살 난 오사와 가쓰大沢カツ와 결혼한다. '마을의 작은 정치'를 위협하는 롯카쿠가의 '개혁'에 맞서 싸우기 시작했다.

1868(28) 롯카쿠가 개혁 사건으로 투옥된 뒤, 옥살이 11개월 끝에 출소한다.

1870(30) 에사시 현 하나와 지청(오늘날 아키타 현)의 관리가 된다.

1871(31) 상사 암살 혐의를 받고 또다시 옥에 갇힌다. 이 무렵 여러 책을 읽는다. 특히 영국의 저술가이자 사회운동가 새뮤얼 스마일스Samuel Smiles가 쓴 《자조론Self—Help》의 일본어 번역본 《서국입지편西国立志編》을 1년 반 동안 소리 내어 되풀이해서 읽었다. 이로써 정치·경제에 대한 이해를 더하는 한편, 말 더듬는 버릇을 고치게 되었다.

이 훈련은 훗날 의원 생활을 하는 데 큰 자산이 되었다. 후쿠자와 유키치의 책 《영국 의사당 이야기英国議事院談》에도 큰 영향을 받았다. 두 번째 옥중 생활은 2년 9개월 만에 끝이 난다.

1874(34) 혐의가 풀려 감옥에서 나온 뒤, 쇼조는 마을로 돌아가 술집 지배인으로 일하며 공부에 힘쓴다. 한편 이 즈음부터 자유 민권 운동에 관심을 갖기 시작한다. 쇼조는 세이난 전쟁이 터지자 물가가 오르리라 보고 땅을 사들여 3천 엔(물가상승률을 고려해 지금 돈 가치로 환산하면, 2,250만 엔에 이르는 돈이다. 우리 돈으로는 2억 원이 넘는다.) 남 짓한 돈을 번다. 아버지에게 "이 돈을 바쳐, 온 몸으로 공공에 이바지하는 삶을 살고자 한다."고 여쭈자, 아버지는 "죽어 부처가 되는 것은 안 될 일, 살아 있는 동안 좋은 사람이 되어라." 하는 교카狂歌를 읊으며 쇼조를 격려했다.

1877(37) 후루카와 이치베가 아시오 구리 광산을 인수해 경영에 나섰다.

1878(38) 도치기 현에서 구의원으로 선출되었다.

1880(40) 도치기 현 현의회 의원으로 당선되었다. 이때부터 현의원으로 내리 5선을 지낸다. 자유 민권 운동가로서 국회 개설을 위해 힘을 쏟는다.

1882(42) 입헌개진당(후에 진보당, 헌정당, 헌정본당으로 이름을 바꾼다.)에 입당한다.

1883(43) 아시오 광산 구리 생산량이 일본 최고를 기록한다.

1884(44) 현령 미시마 미치추네의 폭정에 맞서다가 3개월 동안 투옥된다. 이

시기 아시오 구리 광산에서 커다란 광맥이 발견되어 한 달 구리 생산량이 지난 해 생산량을 넘어선다.

1886(46)   도치기 현 현의회 의장에 오른다.

1888(48)   후루카와 이치베는 자딘매디슨상회와 계약을 맺고 아시오 광산에서 대대적인 구리 증산에 나선다. 도치기 현 아시오 마을과 마쓰키松木에서 뽕나무가 유독 물질 연기로 인해 모두 말라죽는다. 가라후로唐風呂에서도 피해가 속출한다.

1889(49)   아시오 마을과 마쓰키에서 결국 양잠이 폐지되어, 지역 농민들의 생계가 끊겼다. 농작물 피해도 더욱 심각해진다.

1890(50)   제1회 중의원 선거에 후보로 나서 당선된다. 1901년 직소를 앞두고 스스로 직을 내려놓을 때까지, 내리 6선을 하며 의원직을 지킨다. 이런 정치 이력은 흔치 않은 것으로, 당시 쇼조는 '선거의 신'으로 불렸다고 한다.

1891(51)   제2 제국의회에 처음으로 〈아시오 구리 광산 광독 가해 사건에 관한 질의서〉를 낸다. 이때 아시오 광산 광업 정지를 요구한다.

1892(52)   아시카가 지방 광독 피해 지역 일부 피해 주민들이 후루카와와 화해 계약을 맺는다.

1893(53)   아시오 광산이 그동안 허가받은 것보다 훨씬 더 넓은 숲을 훼손한 것이 드러났다. 이 시기까지 무려 2천만 평에 이르는 숲에서 나무를 마구 베어 냈다. 가라후로 지역 피해 농민 28명이 아시오 광산을 상대

로 연독 피해를 배상해 달라는 화해를 청구한다. 그러나 아시오 광산 측은 가해 행위를 부정하고 화해를 거부한다. 이 시기, 아시오 구리 광산에 분광채집기가 설치되어, 3년간 시험 가동에 들어간다.

1895(54) 아시오 마을과 마쓰키 지역에서 농산물 생산량이 1880년 즈음과 견주어 절반 아래로 떨어졌다. 아시오 광산과 후루카와는 마쓰키 주민들의 합의 신청 금액을 반으로 깎아 지불하면서, 앞으로 절대 광해로 인한 청구와 진정을 하지 않겠다는 조항을 넣어 영구 화해계약을 체결한다. 가라후로의 농민 33명은 후루카와 이치베를 피고로 도쿄지 방법원에 손해배상 청구 소송을 제기한다. 그러나 법원은 이 광해 소송을 기각한다.

1896(56) 제9 제국의회에서 1년 전 맺어진 영구 화해계약의 부당함을 따져 물었다. 7월~9월, 와타라세 강에 세 차례나 큰물이 지면서, 1부 5현에 이르는 지역이 광독 피해를 입는다. 8월에는 '광독수확산피해민대회'가 열린다. 다나카 쇼조는 10월, 지역 유지들과 운류지에 광독 사무소를 설치하고 피해 주민들과 함께 아시오 광산 광업 중지 운동을 시작한다. 한편 의회에서 광독 사건에 대해 질문하기를 멈추지 않는다. 12월, 메이지 정부는 1차 광독 예방 공사 명령을 아시오 광산에 내려보냈다.

1897(57) 아시오 마을 유지 가운데 한 사람이 광업 정지를 반대하는 단체를 만들어 피해 주민들의 움직임을 가로막으려 하자, 후루카와 이치베가 나서 이 단체를 해산하는 데 도움을 준다. 피해 주민들이 광독 예방

공사에 무보수로 참여하는 것이 조건이었다. 3월 2일, 제1차 '밀어내기'가 일어나자, 여러 정치인과 관료들이 광독 피해 지역을 방문한다. 주민들은 3월 23일 제2차 '밀어내기'에 나서고, 내각에 '아시오구리광산광독문제조사위원회'가 설치된다. 한편 정부는 후루카와광업에 2차, 3차로 광독 예방 공사 명령을 내려보낸다. 당시 예방 공사를 감독했던 이는 훗날 후루카와광업에 입사한다.

1898(58) 1897년에 아시오 광산 본산에 탈황탑이 설치되면서 마쓰키 지역으로 아황산가스가 쏠린다. 마쓰키 주민들은 돈벌이는 끊기고, 먹을거리도 사라지고, 가스로 몸은 상하고, 어린아이를 먹일 젖마저 나오지 않는 비참한 상황에 내몰린다. 정부는 광독 피해 주민들의 세금을 면제하기로 결정한다. 그러나 이 조치로 주민들은 투표권을 잃는다. 9월에는 또다시 와타라세 강에 큰물이 져, 주민들은 제3차 '밀어내기'에 나선다. 쇼조는 이들이 도쿄에 이르기 전에 만나, 극심한 피해 지역 주민 50명을 남기고 마을로 돌아가도록 설득했다.

1899(59) 당을 대표해 국회의원 세비 인상안 반대 연설에 나섰지만, 세비 인상안은 의회를 통과한다. 쇼조는 인상된 세비 수령을 끝까지 거부한다. 아시오 광독 피해 상황을 바탕으로 아시오 광산 광업 정지에 관해 질의한다.

1900(60) 다나카 쇼조는 사립공화재봉교습소를 세운다. 아시오와 마쓰키 마을 주민들은 인명 구조 탄원서를 써서 내각의 각 대신들과, 시마다 사부로, 다나카 쇼조를 비롯한 국회의원들, 도치기 현 현의회를 차

례로 찾는다. 도치기 현 현의회는 이를 계기로 마쓰키 마을 실태 조사에 나선다. 2월, 광독 피해 주민들이 제4차 도쿄 청원(밀어내기)에 나섰다가, 가와마타에서 가로막혀 뜻을 이루지 못한다. 쇼조는 제14 의회에서 이 청원 운동 탄압에 대해 질의하며 정부를 추궁하는 한편, 헌정본당 탈당을 선언한다. 가와마타 사건으로 주민 51명이 기소되어, 29명이 유죄를 선고받는다. 쇼조는 15차 공판에서 검찰 논고에 분개하며 하품을 했다는 이유로, 관료 모욕죄로 기소된다.

1901(61)   10월 23일 중의원 의원직을 사직한다. 이 즈음 아시오 광산이 마쓰키 주민들의 땅을 사들이면서 주민 대부분이 마을을 떠나 마쓰키 마을은 금세 폐허가 된다. 12월 10일 쇼조는 아시오 광독 피해 구제를 요구하며 메이지 덴노에게 직소한다. 덴노가 탄 마차로 다가가기도 전에 경찰에 잡혀 직소문을 건네는 것에는 실패하지만, 죽음을 각오한 직소로 아시오 광독 사건이 널리 알려졌다. 당장 도쿄의 학생 700여 명이 광독 피해 지역을 돌아보기 위해 방문했다.

1902(62)   내무부가 비밀리에 도치기 현 야나카 마을과 사이타마 현의 도시마·가와베 마을利島·川辺両村을 유수지로 만드는 계획을 추진한다. 한편 직소로 달아오른 여론을 달래기 위해 정부는 2차 광독조사위원회를 설치한다. 가와마타 사건 방청 하품 사건 유죄가 확정되어 쇼조는 41일 동안 복역한다. 옥중에서 〈성서〉를 읽는다. 9월에는 이 지역에 폭우가 쏟아져 아시오 광산에 산사태가 일어나고, 곳곳에서 둑이 무너진다. 정부는 붕괴된 둑을 방치하며 이들 마을 땅을 사들여 유수지로 만들겠다는 계획을 세운다. 도시마·가와베 마을 주민들

은 정부의 도움 없이 무너진 둑을 다시 쌓고, 납세와 병역의 의무를 지지 않겠노라고 선언한다.

1903(63) 도치기 현 현의회는 유수지화를 위한 야나카 마을 인수 제안을 거부한다. 한편 야나카 마을 주민들은 지난 해 무너진 둑을 힘을 모아 다시 쌓기 시작한다. 6월에는 2차 광독조사위원회의 조사 보고서가 발표된다.

1904(64) 도치기 현은 이제서야 야나카 마을의 무너진 둑을 복구하겠다며 나선다. 그런데 실제로는 공사 과정에서 둑을 더 파괴했고, 결국 와타라세 강에 홍수가 나 야나카 마을이 물에 잠긴다. 다나카 쇼조는 이때부터 마을에서 살며 야나카 마을 유수지화 반대 운동에 온 힘을 쏟는다. 12월에는 재해 복구비 명목의 야나카 마을 인수 제안이 도치기 현 현의회를 통과한다. 비밀 회의였다.

1905(65) 땅을 팔기로 결정한 야나카 주민들의 1차 집단 이주가 시작된다. 한편, 이와 관련해 현의회의 부정부패가 문제가 되어, 도치기 현 현의회에 뇌물조사위원회가 꾸려진다.

1906(66) 마을 회의가 열려, 야나카 마을을 없애고 후지오카초로 합병하려는 계획을 부결시킨다. 그러나 촌장이 마을 회의의 결정을 무시하고 합병을 강행한다. 이때 쇼조는 또다시 관료 모욕죄로 기소되지만, 이듬해 무죄 판결을 받는다.

1907(67) 땅을 팔지 않은 채, 끝까지 야나카 마을에 남겠다고 하는 16가구에 강제 퇴거 명령이 떨어진다. 주민들이 말을 듣지 않자, 일주일에 걸

쳐 명령을 강제집행했다. 하지만 이 주민들殘留民은 다른 곳으로 이주하지 않은 채 임시 오두막을 짓고 마을을 지킨다. 다나카 쇼조는 이때부터 파괴된 야나카 마을을 되살리기 위한 운동에 모든 힘을 쏟는다.

1909(69) 다나카 쇼조는 〈헌법과 도리를 파괴하는 일에 관한 질의서〉를 써, 가까운 벗 시마다 사부로 의원 이름으로 중의원에 제출한다. 와타라세 강 개수 계획안이 관련된 4개 현 의회를 모두 통과한다.

1910(70) 간토 지방에 대홍수가 발생한다. 다나카 쇼조는 정부의 치수 정책을 바로잡기 위해 간토 지방에 있는 강과 내를 직접 찾아 하나하나 조사하기 시작한다. 이 일로 걸었던 거리가 1,800킬로미터에 이른다. 한편 대역 사건으로 가까운 벗 고토쿠 슈스이가 체포되어 처형된다.

1911(71) 4월, 야나카 마을 주민 137명을 비롯한 아소 군민 210명이 홋카이도 도코로 군 도후쓰초常呂郡鐺沸村 사로마베쓰 벌판サロマベツ原野(오늘날 사로마초 도치기呂間町栃木)으로 1차 이주한다.

1913(73) 8월 2일, 하천 조사를 갔다가 야나카 마을로 돌아오는 길에, 사노 시에 있는 니와타 세이지로의 집에서 쓰러졌다. 쇼조는 야나카 마을로 보내 달라고 부탁하지만 주변의 만류로 뜻을 이루지 못한다. 아내와 기노시타 나오에 같은 벗들이 소식을 듣고 차례로 달려와 쇼조를 간호한다. 광독 피해 지역 동사무소나 유지들은 위로금을 보내왔고, 쇼조의 건강 상태는 우편으로 곳곳에 전해졌다. 9월 4일, 쓰러진 지 약한 달여 만에 숨진다. 9월 6일 가매장식을 마친 뒤 10월 12일 장례식

(분골식)이 열렸다. 이날 4만 명~5만 명에 이르는 조문객이 일본 전역에서 쇼조의 장례식을 찾았다고 한다. 이는 사노 시 인구보다도 많은 숫자였다. 쇼조의 유골은 광독 피해 지역 여섯 곳에 나뉘어 안치되었다.

1917 2월 25일, 파괴된 야나카 마을을 지키던 16가구 주민들이 와타라세 강 개수 공사로 매립된 땅으로 이주한다. 이날, 야나카 마을에 있는 다나카 쇼조의 묘소 앞에서 고별식이 거행되었다.

1973 아시오 광산이 폐광된다.

2013 쇼조가 1901년 메이지 덴노에게 건네려고 했던 직소문은 112년 만에 와타라세 유수지와 사노 시를 방문한 아키히토明仁 덴노에게 전해졌다. 공교롭게도 이 해 11월 8일, 무소속 참의원 야마모토 타로山本太郎 씨가 가든 파티에 참석한 아키히토 덴노에게 후쿠시마 핵발전소 사고로 어린이들의 건강과 핵발전소 노동자들의 노동 환경에 큰 위험이 드리웠음을 알리는 편지를 전달했다. 21세기 판 직소였다. 이 일을 두고 덴노를 정치에 이용하지 말아야 한다는 비판이 크게 일었고, 야마모토 의원은 국회의장에게 '황실 행사 참석 금지' 처분을 받았다.

나날이 의로움을 향해 나아간 사람,
다나카 쇼조의 삶과 사상 1841~1913

참된 문명은 사람을 죽이지 아니하고

글 고마쓰 히로시
옮김 오니시 히데나오

초판 1쇄 펴냄 2019년 12월 1일

편집 서혜영, 전광진
인쇄·제책 상지사 P&B
도서 주문·영업 대행 책의 미래 전화 02-332-0815 l 팩스 02-6091-0815

펴낸 곳 상추쌈 출판사 l **펴낸이** 전광진
출판 등록 2009년 10월 8일 제 544-2009-2호
주소 경남 하동군 악양면 부계1길 8 우편 번호 52305
전화 055-882-2008 l **전자 우편** ssam@ssambook.net l **누리집** ssambook.net

도움 주신 분 김송이金松伊 (다나카 쇼조 원문 감수)
         권산(속표제지 사진)

ISBN 979-11-90026-00-0 03300

CIP 2019044902 (http://seoji.nl.go.kr)

아시오 광산 광독 사건은 19세기 말 일본 근대화 과정에서 발생한 대규모 환경 파괴 사건이다. 다나카 쇼조는 이 사건을 세상에 알리고 이를 저지하고자 온몸을 바쳐 투쟁한 정치인이자 사상가이다. 목숨을 걸고 메이지 덴노의 행차를 가로막고 직소를 했고, 네 차례 감옥살이를 했으며, 국회의원직을 내던진 채 야나카 마을의 수몰을 막고자 예순이 넘은 나이에 홀로 움막을 짓고 살며 마을 주민들과 함께 싸웠다.

쇼조는 본디 근대주의자였다. 그러나 그는 아시오 광산 사건을 통해 근대 문명의 어두운 심장과 마주했고, 끝까지 근대화의 희생자가 된 사람들 편에 섰다. 그는 이 사건을 단순히 재산권 문제로 본 것이 아니라 생명의 문제, 인류의 생존이 걸린 문제로 보았다. 이 점에서 다나카 쇼조의 투쟁은 보편성을 띤다.

자본주의가 발전하면서 자연이 파괴되고 오랫동안 공동체 안에서 자급을 지켜 온 농민의 삶이 무너졌다. 민주주의는 바닥부터 훼손되었다. 근대화를 추진하는 주체로서 국가의 악마성이 드러났다. 다나카 쇼조는 이러한 근대화의 핵심적 문제들에 정면으로 맞섰다. 그는 자신이 하는 일의 정치적 급진성과 그 바탕에 깔린 가치의 문제, 철학과 윤리의 문제를 깊이 성찰했다. 쇼조는 남긴 글에서 끝없는 자기 성찰과 함께 땅과 민중의 겸손함에 바탕을 둔 영구적인 영성과 인간다움의 철학을 보여 주었다. 이는 〈성서〉를 비롯한 전통적 지혜와 간디와 함석헌 같은 사람들이 한결같이 추구한 것이었다.

이 책은 일본 근대화라는 맥락에서 쇼조의 삶과 사상이 어떻게 성숙해 갔는지 그가 남긴 글들을 통해 그 역사적 과정을 성실하게 짚는다. 무엇보다도 후쿠시마 이후 상황에서 쇼조의 정치 투쟁과 문명 비판이 지니는 의미를 아프게 성찰하고 있다. 성큼 다가온 기후 위기에서 보듯, 우리가 직면한 생태계의 재앙은 급박하고 치명적이며 우리의 사기를 꺾는다. 하지만 이 책은, 성공하든 실패하든 사람은 해야 할 일을 해야 한다는 것을 말해 준다. 다나카 쇼조의 삶과 투쟁은 바로 그 점을 우리에게 가르친다.

박경미 (이화여자대학교 기독교학과 교수)